ELIEZER E. BURGOS ROSADO

DISCURSOS DE LIBERTAD
*Una eclesiología desde los cinco grandes
discursos de Jesús narrados en Mateo*

Copyright © 2024 Eliezer E. Burgos Rosado, M.A. M.Div
Prólogo por: Ediberto López Rodríguez, Ph.D. ESQ.

Ediciones Didásko LLC. All rights reserved.

Publisher: Ediciones Didásko
San Juan, Puerto Rico
E-mail: ediciones.didasko@gmail.com

ISBN: 979-8-9883271-1-0

DEDICATORIA

A todas las personas que comprenden el legado de justicia que nos dejó Jesús y que se interesan en dar voz a las vidas que caminan en los márgenes de la sociedad.

CONTENIDO

PRÓLOGO	1
INTRODUCCIÓN	7
1. COMPRENDAMOS EL EVANGELIO SEGÚN MATEO	11
2. PERSPECTIVA GENERAL DE LOS CINCO GRANDES DISCURSOS	25
3. PRIMER DISCURSO: EL SERMÓN DEL MONTE (MATEO 5 – 7)	31
4. SEGUNDO DISCURSO: EL ENVÍO EN MISIÓN (MATEO 10)	41
5. TERCER DISCURSO: EL SERMÓN DE LAS PARÁBOLAS (MATEO 13)	49
6. CUARTO DISCURSO: SERMÓN ECLESIOLÓGICO (MATEO 18)	59
7. QUINTO DISCURSO: EL DISCURSO ESCATOLÓGICO (MATEO 24 – 25)	65
8. LA JUSTICIA COMO PRINCIPIO FUNDAMENTAL DEL REINO	75
9. LA IGLESIA Y SU REFLEJO FRENTE AL ESPEJO DE LOS CINCO GRANDES DISCURSOS DE JESÚS SEGÚN MATEO	87
10. CONSIDERACIONES FINALES	101
BIBLIOGRAFÍA	111
SOBRE EL AUTOR	116

"Cualquier religión que profese estar preocupada por las almas de los hombres y no esté preocupada por los barrios marginales que los condenan, las condiciones económicas que los estrangulan y las condiciones sociales que los paralizan es una religión espiritualmente moribunda esperando entierro."

- Rev. Martin Luther King, Jr. (1929-1968)

PRÓLOGO

El libro, "Discursos de Libertad: una eclesiología desde los cinco grandes discursos de Jesús narrados en Mateo", del autor Eliezer Burgos Rosado, merece un reconocimiento especial por su contribución al estudio teológico y ético en el contexto de la interpretación del evangelio de Mateo. La obra destaca por su rigor académico. El compañero Eliezer Burgos Rosado ha desarrollado una obra concerniente al evangelio de Mateo y la ética cristiana.

Durante nuestras conversaciones, ha surgido el hecho de que parte del material utilizado proviene de investigaciones realizadas en las clases de Biblia y teología, mientras hacía su Maestría en Divinidad en el Seminario Evangélico de Puerto Rico. Esto implica que una cantidad considerable de trabajo de alta calidad ha permanecido inédita, almacenada en los archivos de cientos de estudiantes teológicos que, posteriormente, no han publicado los resultados de sus investigaciones. Eliezer ha optado por refinar estos trabajos y presentarlos en una obra que destacará por su mérito propio y como producto del ministerio docente del Seminario Evangélico de Puerto Rico. Este último, en ocasiones, ha sido subestimado por motivos ideológicos tanto en nuestro país como en nuestras iglesias.

Eliezer Burgos resalta la relevancia de la educación teológica en la preparación para el ministerio pastoral en Puerto Rico, el Caribe y Latinoamérica, así como en los Estados Unidos de América. Por su logro al cristalizar varios años de investigación, Eliezer merece ser reconocido con mérito y honor tanto a nivel de nuestro país como eclesial.

La última página ofrece información personal sobre el autor. Eliezer E. Burgos Rosado es candidato ministerial de la Iglesia Cristiana, Discípulos de Cristo, y es graduado con una Maestría en Divinidad del Seminario Evangélico de Puerto Rico. Esta obra representa, creo, su segundo trabajo publicado desde su graduación en nuestro Seminario. Actualmente, está cursando estudios doctorales (Ph.D.) en teología en la Universidad Interamericana de Puerto Rico.

La obra, titulada "Discursos de Libertad: una eclesiología desde los cinco grandes discursos de Jesús narrados en Mateo", aunque finalizada en 2022, será publicada en 2024, debido a los procesos editoriales finales, incluido este prólogo. Está dedicada "a todas las personas que comprenden el legado de justicia que nos dejó Jesús y que se interesan en dar voz a las vidas que caminan en los márgenes de la sociedad" (Burgos, dedicatoria).

Con un contenido de 109 páginas, la obra incluye también cinco páginas de una excelente bibliografía sobre el evangelio de Mateo. Entre sus logros se encuentra el inicio de la discusión sobre el Evangelio de Mateo abordando preguntas fundamentales a una lectura competente: quién lo escribió, cuándo lo escribió, cuáles eran los problemas implícitos del autor con su audiencia, qué género literario utilizó para comunicarse con su audiencia y qué teología se desprende de estos relatos. Esta discusión es meticulosa y demuestra la necesidad de reconstruir la localización histórica y sociológica de los libros de la Biblia para poder interpretarlos competentemente.

Los próximos capítulos consisten en una discusión de cada uno de los cinco discursos mencionados. El valor de estas páginas radica en su enfoque exegético y hermenéutico. Por ejemplo, en la discusión del Sermón del Monte, el autor presenta una estructura literaria que subyace al discurso y proporciona notas específicas sobre algunos versículos principales del relato. En la discusión de Mateo 7, Burgos señala una estructura en paralelo que enfatiza las alternativas presentadas en el texto. Así, Burgos nota la complejidad literaria de este capítulo y algunos de sus versículos que usan una estructura en paralelismo: «...las perícopas presentan una alternativa: dos caminos (vv. 13-14); dos tipos de profetas (vv. 15-20), dos tipos de discípulos (vv. 21-23) y dos tipos [de] fundamento para una casa (vv. 24-27).» (Página 34)

El punto central de la relectura de Mateo por parte de Eliezer Burgos es ético. Para él, Mateo tiene un interés primordial en las relaciones de justicia dentro de la comunidad de fe y en la sociedad en general. Por lo tanto, el tema ético ocupa un lugar fundamental en su análisis. Burgos enfatiza la necesidad de comprender la justicia social como el resultado de una auténtica proximidad con Dios, la cual debería capacitar a cada creyente para discernir tanto sobre su propia vida como sobre la de los demás. Esto permite desenmascarar las realidades sociales de explotación y marginación que contradicen el anuncio del Reino de los cielos que viene y las enseñanzas del Jesús de Mateo.

El penúltimo capítulo constituye una relectura hermenéutica basada en los hallazgos exegéticos. Titulado "La iglesia y su reflejo frente al espejo de los cinco grandes discursos de Jesús en Mateo", Burgos resume los temas fundamentales abordados en su obra: la justicia, el amor, la praxis y sus vínculos sociales, políticos e históricos. Resume el llamamiento presentado en los discursos de Mateo con las siguientes palabras: "Por lo tanto, hablar de justicia social y liberación nos ubica inevitablemente en el centro de la esfera política, por lo que será necesario articular la lucha por la justicia con el ámbito político." (Página 100)

No sería justo con Eliezer Burgos si no expresara una crítica. Aunque todos los capítulos tienen un vínculo con la vida cotidiana y con la hermenéutica, he notado que Burgos ha sido parco en su conexión entre el texto y la vida cotidiana en un lenguaje más accesible. Cada uno de estos discursos se pudieron pegar con la vida cotidiana, ejemplos, testimonios, intertextos de otra literatura que hiciera esta obra más amena y con un horizonte más amplio en la gente de a pie. Esto habría permitido que los miembros de nuestras iglesias y gente fuera de nuestras iglesias que tienen hambre por un diálogo teológico-ético significativo vieran esta obra como una herramienta útil para su vida cristiana y cotidiana. En futuros trabajos, sugiero que Burgos incluya una mayor aplicación práctica y cotidiana a sus reflexiones exegéticas y teológicas.

Agradecemos a Dios porque esta nueva generación de estudiantes teológicos tiene hambre de conversar con la iglesia y el país sobre el fruto de sus investigaciones. Esto promete ser un diálogo teológico que se origina en la vida cotidiana, se enriquece y profundiza en el aula, se relaciona con la vida de la iglesia local y del país, y tiene como objetivo instarnos a seguir el Evangelio que es imprescindible para una sociedad con una crisis de esperanza. Nos regocijamos por este trabajo y felicitamos al autor por esta obra que es para la mayor gloria de Dios. Enhorabuena.

3 de abril de 2024

Ediberto López Rodríguez, Ph. D. ESQ
Profesor del Seminario Evangélico de Puerto Rico.

ELIEZER E. BURGOS ROSADO

INTRODUCCIÓN

Cuando reflexionamos sobre las implicaciones de lo que significa ser Iglesia, puede que nos topemos con muchas interpretaciones que pasan de generación en generación y se nos han sido dadas. Quizás por el uso y costumbre, o tal vez se nos haya dicho en algún momento que no nos corresponde cuestionar, lo cierto es que muy pocas veces reflexionamos sobre lo que debe ser el rol y ministerio de la Iglesia. Sin embargo, debemos tener la ocasión para detenernos y buscar si la Iglesia de hoy está cerca de lo que fue en sus inicios o si está cumpliendo el propósito para el cual surgió. Esa conversación es de gran importancia si realmente nos ocupa "ser imitadores de Cristo".

Desde su inicio, a través de los siglos la iglesia ha ido manteniendo su vigencia. Quizás unas épocas más activas que otras, pero lo cierto es que hasta nuestros días ha llegado. Para quienes afirmamos la fe cristiana desde una óptica legada por la Reforma Protestante, debemos tener consciencia que, para mantener su pertinencia, la iglesia necesitará continuar reformándose y actualizándose a las necesidades de su tiempo. Esto nunca ha de significar que nos dejemos llevar por la corriente, por modas, tendencias, etc. De lo que se trata es de cómo la iglesia puede tener respuestas a los asuntos del día a día de las personas, de manera que les invite a ser parte de ella.

¿Para qué nos constituimos como iglesia? ¿Para qué nos congregamos? ¿Cómo debe ser la iglesia de Cristo? Estas y otras preguntas nos pueden ayudar en la reflexión y búsqueda de acciones afirmativas, las cuales sean afines con el Reino. De entrada, debemos tener la más clara consciencia de que ser iglesia no es una reunión de un club social, mucho menos un pasatiempo o una alternativa para mantener la mente ocupada. Ser iglesia implica una respuesta afirmativa al llamado que nos hizo nuestro Señor a continuar aquella labor que inició durante su Ministerio terrenal. Ciertamente su mensaje fue uno que denunciaba la opresión y a sus responsables, trayéndole esperanza a quienes más necesitaban ser liberados/as. En esta búsqueda de respuestas, la Biblia resulta ser un gran referente para guiarnos hasta nuestro propósito como la iglesia de Cristo.

Discursos de libertad es el nombre de este libro y surge de las conclusiones a las que podemos llegar cuando damos una lectura a los cinco grandes discursos de Jesús, narrados en el evangelio según Mateo y logramos identificar una eclesiología desde ellos. Cuando nos adentramos en su contenido, cada uno de esos discursos trae un mensaje de libertad para quienes viven en opresión, al dirigir su contenido al tema de la justicia. Desde el inicio del primer discurso, es evidente que la justicia es un principio fundamental del Reino y no se trata de que seamos jueces, sino que procuremos luchar contra las injusticias.

A través de las páginas de este libro, iremos conociendo algunos aspectos generales sobre el evangelio según Mateo, los cuales me parece que son importantes tenerlos presente para luego adentrarnos en su contenido. Ya con un panorama algo más claro sobre el evangelio y su contenido, veremos una perspectiva general sobre los cinco grandes discursos y luego iremos discutiendo cada uno de ellos por separado, destacando aquellas áreas que a mi juicio resumen el propósito de su redacción. Ya que el tema de la justicia está presente a lo largo de todas las referencias al Reino de Dios, me parece prudente que discutamos un poco el término justicia y sus alcances hacia nuestra fe, considerando que se trata de un principio fundamental del Reino. También nos miraremos ante el espejo del evangelio según Mateo, para contestarnos algunas preguntas y ver aquellos espacios de oportunidad que como iglesia nos urge atender. Culminamos el libro haciendo unas consideraciones finales sobre los cinco grandes discursos en general y la importancia de aplicar su contenido en nuestra vida personal y en la vida de iglesia.

¿Servir al Señor trae bendiciones a nuestra vida? No tengo la menor duda y puedo dar muchísimos testimonios en esa dirección. Sin embargo, Mateo 6:33 nos dice: "Mas buscad primeramente el reino de Dios y su justicia, y todas estas cosas os serán añadidas". Aquí está nuestra agenda, nuestro propósito, nuestra razón de ser, incluso nuestro ADN como Creación de Dios. Trabajemos incansablemente por ser libres y por dar libertad a aquellas vidas que claman por justicia. Seamos una iglesia viva, que proclame el Reino de Dios tal y como lo hizo Jesús y según nos lo comisionó.

1

COMPRENDAMOS EL EVANGELIO SEGÚN MATEO

Cuando intentamos estudiar a fondo el evangelio según Mateo, debemos tener en cuenta que no poseemos un solo texto original de ningún libro de la biblia, por supuesto, Mateo no es la excepción. Veremos en este capítulo un análisis de algunos detalles importantes tales como: el presunto autor, así como un aproximado a la fecha, contexto sociológico en el que se escribió, género literario y perspectiva teológica. De esta manera, tendremos un acercamiento al entendimiento del ¿por qué inicia el evangelio identificando a Jesús de manera tan detallada? ¿Qué busca el evangelista al momento de redactar el libro en su totalidad?

Sobre la autoría

Descartando la pertenencia de los textos originales, encontramos que la información más antigua sobre el evangelio según Mateo se conoce del Obispo Papías y de lo que se basó la tradición eclesiástica para atribuir la autoría de este evangelio a Mateo, el discípulo de Jesús.[1] No obstante,

---

[1] Élian Cuvillier, «El Evangelio según Mateo», en *Introdución al Nuevo Testamento: Su historia, su escritura, su teología*, ed. Daniel Marguerat (Bilbao: Desclée Brouwer, 2008), 68.

existen sectores que difieren de esta posición por diversas razones. Una de éstas, es que el evangelio que conocemos hoy no se presume que sea una traducción del arameo, sino que se trata de una obra escrita en griego. Otra de las razones que apuntan a que no se trata de uno de los doce discípulos es que hace referencia a textos anteriores, lo que permite inferir que no conoce el relato de primera mano y acude a fuentes previas.[2] De hecho, no hace mucho sentido que un testigo ocular acudiese a otra fuente para redactar su propio relato.

Ciertamente una lectura de los evangelios sinópticos nos permite ver que el evangelio según Marcos está presente en Mateo, sin embargo, también se han identificado ciertos pasajes que se encuentran en los evangelios según Mateo y Lucas pero que no los vemos en Marcos. Estos pasajes se le atribuyen a lo que se conoce como la Fuente Q, la cual se presume que trata de una obra escrita en griego y que consta de unos dichos de Jesús que conocía la comunidad judeocristiana. Queda claro que Mateo se escribe entonces posterior a Marcos y Q, o sea que Mateo recurrió a Marcos, Q y otras fuentes propias para componer su evangelio. Esto, sin dudas, dificulta que el autor de Mateo sea uno de los apóstoles.[3]

Como no tenemos el nombre del autor, entonces hacemos uso de lo que se conoce como el autor implícito. Es lo que se conoce como la entrelínea de la narración. Hay unas competencias literarias, teológicas e históricas que este autor implícito emplea en su texto como, por ejemplo: un lenguaje lleno de giros hebreos, concentración sobre la cuestión de la Ley, crítica a los fariseos, presentación simpática de los

---

[2] A. Piñero, *Guía Para Entender El Nuevo Testamento*, Cuarta Ed. (Madrid, España: Editorial Trotta, 2016), 352.
[3] Ediberto López, *Cómo se formó la Biblia*, ed. Justo L. González, Conozca su Biblia (Mineapolis, Minesota: Augsburg Fortress, 2006), 100.

paganos y evaluación positiva de los discípulos.[4] Con estos elementos, podemos tener una idea de al menos qué tipo de persona, aun permaneciendo en el anonimato, fue quien escribió el evangelio. Sobre la autoría, entonces, debo señalar que estoy de acuerdo con las posturas que apuntan a un grecoparlante que conocía el arameo o el hebreo (o ambos), pero que no fue testigo visual del ministerio de Jesús. Es muy probable entonces, que se trate de un helenista, que escribe dentro del judeocristianismo.[5]

Sobre su fecha de redacción

Del mismo modo que existe un extenso debate sobre la autoría del evangelio según Mateo, también existe sobre la fecha de escritura. Hemos establecido anteriormente que la escritura del evangelio según Mateo es posterior al evangelio según Marcos. Corresponde señalar que existe un estimado que ubica la fecha de escritura del evangelio según Marcos entre mediados y finales de la década 60 EC (hacia los años 66 al 70 EC).[6] Por otro lado, la culminación de redacción de la Fuente Q se sitúa posterior a la destrucción del templo de Jerusalén, hecho ocurrido para el año 70 EC.[7] Es muy difícil pensar que podemos situar la fecha de escritura de Mateo, antes del año

---

[4] Daniel Margerat y Yvan Bourquin, *Cómo leer los relatos bíblicos: Iniciación al análisis narrativo* (Santander: Editorial SAL TERRAE, 2000), 27-28.

[5] Raymond Brown, *Introducción al Nuevo Testamento: 1. Cuestiones preliminares, evangelios y obras conexas*, trad. Antonio Piñero (Madrid: Editorial Trotta, 2002), 295; Ediberto López, *Para que comprendiesen las Escrituras* (San Juan, Puerto Rico: Seminario Evangélico de Puerto Rico, 2003), 111; Piñero, *Guía Para Entender El Nuevo Testamento*, 352.

[6] Corina Combet-Galland, «El Evangelio según San Marcos», en *Introducción al Nuevo Testamento: Su historia, su escritura, su teología*, ed. Daniel Marguerat (Bilbao: Desclée Brouwer, 2008), 47; Brown, *Introducción al Nuevo Testamento: 1. Cuestiones preliminares, evangelios y obras conexas*, 237.

[7] López, *Cómo se formó la Biblia*, 95.

70 EC. La mayoría de los/as autores/as consultados/as, coinciden en un período comprendido entre los años 80 y 90 EC. Teniendo en cuenta todas las posiciones ya estudiadas, debemos estar de acuerdo en que el período de posibilidad debe comenzar en el año 80 EC y este margen no debe ser tan amplio por lo que debe cerrar para el año 90 EC.[8] De hecho, debo coincidir con una fecha aproximada al año 85 EC ya que ofrece suficiente tiempo para darle relevancia a las fuentes y no se aleja demasiado de las mismas.

Sobre el contexto sociológico

La fecha aproximada nos permite ubicarnos en contexto sociológico y en el evangelio según Mateo, vemos también diversos puntos de vista sobre la localización o la comunidad destinataria del mensaje. Muchos/as eruditos/as concuerdan en que el evangelio según Mateo se escribió en Antioquía de Siria.[9] De hecho, las citas con mayor antigüedad sobre este evangelio se encuentran en escritos conectados con Siria y, particularmente, con Antioquía. Con toda probabilidad, el público al que se dirige este evangelio es judío en su mayoría. Acerca de esto, podemos destacar el frecuente uso de citas a la Biblia hebrea. Además, habla de las interpretaciones de las tradiciones por Jesús, prácticas judías como dar limosna, orar y ayunar, tal y como se presenta en Mt. 6:1-18. Ciertamente,

---

[8] Brown, *Introducción al Nuevo Testamento: 1. Cuestiones preliminares, evangelios y obras conexas*, 301-2; Cuvillier, «El Evangelio según Mateo», 70; Santiago Guijarro Oporto, *Los cuatro evangelios*, Tercera Ed (Salamanca: Ediciones Sígueme, 2016), 333.

[9] Brown, *Introducción al Nuevo Testamento: 1. Cuestiones preliminares, evangelios y obras conexas*; Cuvillier, «El Evangelio según Mateo», 71; Warren Carter, *Mateo y los márgenes: Una lectura sociopolítica y religiosa* (Navarra, España: Editorial Verbo Divino, 2007), 48; Guijarro Oporto, *Los cuatro evangelios*, 334-35; David Cortés-Fuentes, *Mateo*, ed. Justo L. González, Conozca su Biblia (Minneapolis, Minnesota: Augsburg Fortress, 2006), 6.

aunque se apunta a una comunidad que en su mayoría era judía, habría gentiles en la misma. El propio evangelio deja ver la probabilidad de alguna presencia de ellos/as en la comunidad, al mostrar cierta apertura hacia los/as gentiles en textos tales como Mt. 2:1-12; 8:5-13; 15:21-28 y 29:19-20. Por tal motivo, podemos entender que en el evangelio según Mateo se intenta llevar una apertura teológica hacia los/as gentiles.

De hecho, la destrucción del templo de Jerusalén demandaba una considerable reformulación de importantes ideas teológicas y prácticas religiosas ya que, al destruirse el templo, también se destruye la manera de ofrecer culto, así como concepciones de vida vivida con relación a Dios.[10] Podemos observar que esta teología fue construida para ganar quienes no se habían convertido, al tiempo que fortalece a quienes ya se habían convertido, resaltando la figura de Jesús y su autenticidad como el Mesías esperado en las escrituras. El evangelio contiene una doble reflexión: de un lado, la necesidad de dar una explicación al rechazo de Israel sobre la figura de Jesús, y la reivindicación de la comunidad mateana para incorporarse a las tradiciones judías más esenciales; por el otro lado, se presenta un cambio de perspectiva de la comprensión judeocristiana del evangelio, utilizando la figura de Jesús y sus discípulos.[11]

Cuando hablamos del contexto sociológico del evangelio según Mateo, vemos también diversos puntos de vista sobre la localización o la comunidad destinataria del mensaje. Como hemos visto, también la tradición eclesiástica tiene una posición al respecto. Raymond Brown, haciendo referencia a Irineo, narra que finalizando el siglo II la tradición situaba la

---

[10] Carter, *Mateo y las márgenes: Una lectura sociopolítica y religiosa*, 69-75.
[11] Cuvillier, «El Evangelio según Mateo», 70.

composición de Mateo en Palestina.[12] Sin embargo, muchos eruditos concuerdan en que el evangelio según Mateo se escribió en Antioquía de Siria.[13] Antioquía de Siria, según Warren Carter, era probablemente la tercera ciudad más grande del imperio romano. Se trataba de un punto comercial de convergencia de importantes rutas de comercio. Su población consistía básicamente en dos grupos: la minoría selecta, o élite, quizá entre un 5 y un 10% de los habitantes que controlaban la vida de la sociedad velando por sus propios intereses. El segundo grupo estaba compuesto por personas desde pobres hasta personas acomodadas que atendían las necesidades de la minoría. Antioquía contaba también con dos murallas, una en el exterior y otra en el interior. Su función principal era la defensa, pero también marcaba el límite entre la ciudad y el campo. Esta cuidad se usaba para mantener el control de otros territorios con el apoyo romano, incluso áreas más extensas que ella misma. Había intensos antagonismos étnicos que se exacerbaban por la constante llegada de extranjeros. En medio de tales realidades socioeconómicas, políticas y físicas se desarrolla la existencia del público al que va dirigido Mateo.[14]

Sobre el género literario

Podríamos decir que género literario se refiere a las formas distintivas que la comunicación humana puede tomar, tales como poesía o narrativa histórica, entre otras. Cada género literario puede que tenga su propio procedimiento hermenéutico, más allá de los principios generales para toda la

---

[12] Brown, *Introducción al Nuevo Testamento: 1. Cuestiones preliminares, evangelios y obras conexas*, 296-97.

[13] Carter, *Mateo y las márgenes: Una lectura sociopolítica y religiosa*; Guijarro Oporto, *Los cuatro evangelios*, 334-35; Cuvillier, «El Evangelio según Mateo», 71.

[14] Carter, *Mateo y las márgenes: Una lectura sociopolítica y religiosa*, 48.

literatura escrita. Ediberto López señala que "los géneros literarios nos ayudan a ver lo que los cristianos originarios predicaban y creían antes de que se formaran los libros mismos".[15] Es importante señalar que los evangelios en general destacan un estilo, por no llamarle género aún, predominante y es la narrativa histórica. De hecho, se trata de una narración coherente y no textos sueltos organizados en perícopas. Por tal motivo, según Ulrich Luz, Mateo se trata de un libro narrativo.[16] No obstante, otros autores, van más allá de una narrativa. Brown, por ejemplo, señala que existe un extenso debate sobre si "evangelio" es un género literario único del cristianismo, o si se trata de una variante del esquema judío de "la vida de los profetas o de las biografías paganas".[17]

Entrados en ese debate, cabe la posibilidad de inclinarnos a los elementos que lo describen más bien como una biografía. De hecho, López identifica el género literario de Mateo como "biografía antigua". Destaca, además, que las biografías antiguas contenían un período importante de la vida del personaje notorio del cual se trataba de resaltar la imagen ante el lector, intentando afectar la conducta y opinión de este último.[18] Guijarro por su parte, apunta también a la semejanza con "la vida de los profetas, un género narrativo que se encuentra de forma fragmentaria en los libros de Reyes".[19] Coincidimos con estas últimas apreciaciones, aunque nos parece que Guijarro logra vincular la posición de biografía

---

[15] López, *Cómo se formó la Biblia*, 79.
[16] Ulrich Luz, *El Evangelio según San Mateo: Mt 1-7*, trad. Manuel Olasagasti Gaztelumendi, 3.ª ed., vol. I (Salamanca, España: Ediciones Sígueme, 2010), 36.
[17] Brown, *Introducción al Nuevo Testamento: 1. Cuestiones preliminares, evangelios y obras conexas*, 159.
[18] López, *Cómo se formó la Biblia*, 80; López, *Para que comprendiesen las Escrituras*, 232.
[19] Guijarro Oporto, *Los cuatro evangelios*, 57.

antigua con la naturaleza narrativa. Destacando que se trata de una biografía altamente estructurada. Cada uno de los escritores de los evangelios escogió algo de la vida y enseñanzas de Jesús para presentarlo de una manera única a una audiencia determinada o escogida. Esto, por supuesto, lleva los elementos descritos como biográficos.

Sin embargo, hay que comprender que dentro de los evangelios, incluyendo el de Mateo, existen otros subgéneros literarios que forman entre sí el libro en su totalidad como la biografía que ya hemos establecido. Entre los subgéneros contenidos dentro del principal, podemos encontrar principalmente historias de milagro y de pronunciamiento, dichos de sabiduría, las parábolas, dichos proféticos, diálogos, leyendas, entre otros subgéneros literarios.[20]

Perspectiva teológica

Habiendo tomado en cuenta los datos presentados, debemos enfatizar en que el evangelista en Mateo tiene un interés particular en resaltar a Jesús como ese Mesías prometido en las Escrituras y que por fin había llegado. Para esta presentación formal de esa figura, Mateo inicia su evangelio de manera directa en el v. 1 al referirse como "...Jesucristo, hijo de David, hijo de Abraham". De hecho, Mateo recurrirá durante este primer capítulo (y por todo el evangelio) a hilar referencias a las Escrituras del Antiguo Testamento como herramienta para una interpretación del origen e identidad de Jesús como ese cumplimiento de las profecías divinas. La primera sección del evangelio (capítulos 1 y 2) consta de: la genealogía de Jesús (Mt. 1:1-17), en anuncio

---

[20] López, *Cómo se formó la Biblia*, 81.

y nacimiento de Jesús (Mt. 1:18-25). La visita de los sabios de oriente (Mt. 2:1-12), la huida de la familia a Egipto (Mt. 2:13-15), la matanza de los niños (Mt. 2:16-18) y el regreso a tierra de Israel, asentándose en Nazaret (Mt. 2: 19-23). De esta manera, la primera sección del evangelio ha de contestar dos preguntas fundamentales; ¿Quién es Jesús? ¿Cuál es su origen? De hecho, la genealogía responde a la primera, mientras el resto de la historia hace lo propio con la segunda. [21]

La primera parte del evangelio según Mateo muestra, entonces, el origen de Jesús a través del evangelio de la infancia (Mt. 1-2), del cual no se conoce paralelo en Q ni en Marcos, sin embargo, es necesario destacar que existe un relato equivalente en Lucas 1-2. Esta primera sección no formaba parte del mensaje originario de la iglesia. Ahora bien, una vez que Jesús cobró importancia, resultó necesario contestar su origen. Aceptada la biografía mesiánica planteada en Marcos, tanto Mateo como Lucas han querido responder a esa pregunta sobre el origen de Jesús, acopiando tradiciones anteriores, para reinterpretarlas desde una perspectiva común. Los evangelios de la infancia nos dicen quién era Jesús, desde la perspectiva de su misión. En ese contexto se sitúan las siguientes anotaciones propias de Mateo: Jesús, hijo de Abrahán y de David (Mt. 1:1); es Dios con nosotros (Mt. 1:23); salvador de su pueblo (Mt. 1:21); los judíos, su pueblo, no lo han acogido, pero los gentiles han venido a adorarlo (Mt. 2:1); como auténtico Israel, ha tenido que huir de su tierra, refugiándose en Egipto (Mt.2:15); de donde ha vuelto como auténtico Moisés (Mt. 2:1-21); es hijo de David y rey de los judíos (Mt. 1:1; 2:1-6); siendo Nazoreo de Dios (Mt. 2:23); ha sido bautizado por Juan, y Dios lo ha constituido Hijo suyo; de esta manera ha vencido la tentación

---

[21] Cortés-Fuentes, *Mateo*, 9-10.

del Diablo (Mt. 4:1); y ha podido venir a Galilea para proclamar el reino (Mt. 4:12-16).[22]

Ya desde su primer versículo, el evangelio según Mateo nos anticipa la línea cristológica donde Jesús es "hijo de David, hijo de Abraham" insertado así en el pueblo judío, cumpliendo las esperanzas mesiánico-davídicas. Es aquí, en la genealogía, donde aparece como la cumbre de toda la historia de Israel y el cumplimiento del Antiguo Testamento según destaca el v. 17. Además, se propone ya una dimensión universal como hijo de Abraham, pero reiterando que es descendiente de David ya que nace en Belén (patria de David); José es hijo de David (Mt. 1:20) que tiene que acoger a María e introducir al niño en la herencia davídica (Mt.1:20-21).[23] Nótese que la genealogía en Mateo guarda una particular semejanza con la del rey David en Rut 4:18-22, tanto en la cantidad de nombres en común como en el patrón "padre-engendró-hijo y hermanos". Sin embargo, en Mateo vemos el nombre de algunas mujeres, rompiendo el patrón. Una de esas ocasiones que lo rompe es en el v. 16 donde, no solo introduce a María en la genealogía, sino que introduce cómo se da el nacimiento de Jesús. De esta manera, enfatiza en la maternidad de María negando la paternidad de José.[24]

Resulta curioso pensar que el evangelio según Mateo desea probar que Cristo desciende realmente de David, sin embargo, de primera lectura entendemos que no consigue probarlo porque, en el momento decisivo, en vez de escribir que "Jacob

---

[22] Xabier Pikaza Ibarrondo, *Evangelio de Mateo: De Jesús a la iglesia* (Navarra, España: Editorial Verbo Divino, 2017), 103.

[23] Rafael Aguirre Monasterio y Rodríguez Carmona Antonio, *Evangelios Sinópticos y Hechos de los Apóstoles*, Segunda ed (Navarra, España: Editorial Verbo Divino, 2016), 276.

[24] Cortés-Fuentes, *Mateo*, 11-12.

engendró a José, y éste a Jesús", es ahí donde interrumpe la sucesión y afirma: "y Jacob engendró a José, el esposo de María, de la que nació Jesús, llamado Cristo" (Mt. 1:16). Debemos tener presente que, según la jurisprudencia judía, la mujer no cuenta en la determinación genealógica. Por lo tanto, a través de María no es posible insertar a Cristo en la casa de David. La importancia para Mateo en resaltar que Jesús es hijo de María y del Espíritu Santo puede crear un problema: ¿Cómo insertar a Jesús, dentro de la genealogía davídica si no tiene un padre humano? La solución a esto, Mateo intenta una especie de explicación o paráfrasis, llevándole a narrar la concepción y el origen de Jesús, lo cual veremos en los vv. 18-25.[25]

Indudablemente, el nacimiento de Jesús es una intervención de Dios en medio de la historia humana. Aquellas esperanzas del pueblo de Dios comienzan a verse cumplidas a través de la ejecución de una obra creadora en el vientre de María. Por tal motivo, tanto la vida como el Ministerio de Jesús tienen una doble perspectiva: en primer plano Jesús personifica la culminación de la historia pasada desde Israel y es el Mesías prometido, aquella obra comenzada por Dios en la antigüedad culmina con su nacimiento; en segundo plano la vida de Jesús abre la puerta a una nueva historia mediante la cual Dios vuelve a intervenir como creador, iniciando la obra salvífica con una perspectiva nunca imaginada.[26]

Ciertamente las necesidades de la comunidad mateana planteaban la urgencia de destacar la procedencia de Jesús y su conexión con la historia de Israel. Podemos notar que no es casualidad el haber destacado la continuidad de la historia de

---

[25] Leonardo Boff, *Jesucristo el Liberador: Ensayo de Cristología crítica para nuestro tiempo*, Presencia Teológica 6 (Santander: Editorial SAL TERRAE, 1994), 176.
[26] Cortés-Fuentes, Mateo, 12.

Israel. Definitivamente tanto el contexto literario como el cultural de Mateo, así como la necesidad de sus destinatarios, llevan al evangelista a realizar la presentación de su personaje principal y para ello, debía comenzar hablando de sus orígenes. Esto, sin duda, daría pie a reforzar la legitimidad de Jesús como el Mesías y daría validez al resto del evangelio donde destacará sus enseñanzas, obra y milagros, así como la muerte y resurrección.

Aunque no es posible establecer con exactitud los aspectos estudiados del evangelio según Mateo, vemos cómo nos acercamos un poco a información de consenso mayoritario. Basados en la información y fuentes consultadas, nos sostenemos en el hecho de que se trata de un autor anónimo, aunque se destaca la posibilidad de que el autor implícito sea grecoparlante de la comunidad judeocristiana. Del mismo modo, avalamos la posibilidad que el evangelio según Mateo se haya escrito en algún momento entre los años 80 y 90 E. C. Además, estamos ante una obra del género literario conocido como biografía de la antigüedad, aunque dentro de sí tiene subgéneros.

Podemos encontrar que se manifiesta en el evangelio, la tradición judía en un choque frontal con otros grupos que las interpretan diferente.[27] Por tal motivo, podemos entender que en el evangelio según Mateo se intenta llevar una apertura teológica hacia los gentiles y la presenta dirigida a los gentiles en crisis. De hecho, podemos observar que esta teología fue construida para ganar a los no convertidos, al tiempo que fortalece a los ya convertidos. Es por ello que el énfasis notable en este evangelio va dirigido a resaltar la figura de Jesús realzando su relación con el Mesías esperado en las Escrituras.

---

[27] Guijarro Oporto, *Los cuatro evangelios*, 335.

Sobre esto, es posible destacar que el evangelio contiene una doble reflexión. De un lado, la necesidad de dar una explicación al rechazo de Israel sobre la figura de Jesús, y la reivindicación de la comunidad mateana para incorporarse a las tradiciones judías más esenciales. Por el otro lado, el autor de Mateo presenta un cambio de perspectiva de la comprensión judeocristiana del evangelio, utilizando la figura de Jesús y sus discípulos.[28]

El entorno que presenta el evangelio según Mateo refleja muchos aspectos de la estructura social del entonces. Las comunidades cristianas estaban formadas por una muestra representativa de la sociedad por lo que es razonable pensar que la comunidad mateana debía ser similar. Este evangelio procura levantar a quienes viven al margen de la sociedad, para resistir la clase dominante con la promesa de un Jesús que presenta otra filosofía de gobierno y salvación.

---

[28] Cuvillier, «El Evangelio según Mateo», 70.

2

PERSPECTIVA GENERAL DE LOS CINCO GRANDES DISCURSOS

Es notable que el evangelio según Mateo ha sido comentado en múltiples ocasiones a lo largo de la historia de la iglesia. Sin embargo, cuando nos referimos a su interpretación podemos notar que suele hacerse desde una perspectiva más dogmática y espiritual. Esa tendencia a ese tipo de interpretaciones propone un modelo para ser iglesia que resulta muy riguroso. Lo cierto es que como iglesia solamente podemos comprender e interpretar este evangelio cuando somos capaces de vivirlo, de lo contrario el resultado será pasarlo por alto o espiritualizar tanto su contenido que termine siendo inalcanzable humanamente. En ese sentido, a través de los siguientes capítulos, se estará destacando algunos aspectos contenidos en el evangelio y nos daremos a la tarea de identificar áreas de aplicación a la iglesia hoy.

Comencemos por destacar que, una vez establecida la legitimidad de Jesús ante la comunidad, el autor de Mateo dedicará gran parte de su evangelio a resaltar los discursos de Jesús. Debemos observar aquí el carácter eclesiológico contenido a lo largo de este evangelio, el cual emana mayormente del contenido de esos cinco grandes discursos de Jesús. Fundamentalmente esa eclesiología que podemos extraer de Mateo está centrada en la propia figura de Jesús y mediante sus enseñanzas. A través de cada versículo de este evangelio es palpable la presencia de Jesús y la iglesia. Por un lado, vemos la memoria del Jesús histórico, por el otro lado resalta la vida en comunidad de los discípulos, constituyéndose en iglesia. De manera que según vemos a Jesús, vemos también cómo es encontrado y se viven sus enseñanzas.

Tratándose de enseñanzas, cabe destacar que los discursos de Jesús eran métodos didácticos conocidos de la época, los cuales eran muy estructurados. De hecho, J.D. Kingsburry afirma que "los cinco grandes discursos de Jesús encajan a la perfección en la trama del relato que cuenta Mateo".[29] El evangelio según Mateo es una narración agrupada que cuenta el conflicto que Jesús, siendo el Hijo de Dios, tiene con Israel, el llamado pueblo de Dios. La solución de este conflicto no tiene lugar en los cinco grandes discursos de Jesús, sino en la narración de su pasión, muerte y resurrección (Mt 26-28). No obstante, estos discursos de Jesús, no se distancian del relato contado, sino que tienen su lugar adecuado dentro de él.[30]

Reconociendo que la composición del evangelio ubica esa enseñanza central de los cinco grandes discursos, es interesante notar que los ubica luego de haber establecido la legitimidad de Jesús en los capítulos 1 y 2, pero antes de la solución al conflicto en los capítulos 26 al 28. En esa parte central que discurre desde los capítulos 3 al 25 en la narración mateana está dedicada en su totalidad a la actividad misionera de Jesús y que se conoce como el Ministerio público de Jesús. Es precisamente dentro de esta actividad que ubican los discursos,

---

[29] Jack Dean Kingsbury, *Matthew as Story*, Second (Minneapolis, Minnesota: Fortress Press, 1988), 107.
[30] Kingsbury, 105-13.

lo que a mi juicio otorga un elemento fundamental del evangelio. Es aquí donde resalta el tono programático de la declaración y anuncio de la llegada del Reino de Dios y el llamamiento al arrepentimiento.

Vemos entonces que después de haber introducido narrativamente a Jesús a la luz del Antiguo Testamento en los capítulos 1 al 4, Mateo describe el Ministerio del propio Jesús para el pueblo de Dios, así como la manifestación del rechazo de parte del pueblo elegido (Mt. 4:17-16:20). Ya en el desempeño de su Ministerio, Jesús enseña, predica y cura. Su primer gran discurso, el Sermón del Monte (Mt. 5-7), constituye el ejemplo por excelencia de su enseñanza. Es aquí donde Mateo muestra a Jesús como el Mesías intérprete escatológico de la Ley, la cual se contrapone a las exigencias antiguas.[31] Este discurso, presenta la esencia programática del Reino de Dios iniciando con las bienaventuranzas y el Padre Nuestro como oración universal.

El evangelista ubica aquí a Jesús como el nuevo Moisés, en una evidente referencia al Antiguo Testamento y específicamente con relación al Pentateuco. De hecho, el escenario donde se emplea dicho discurso evoca al Monte donde se dio la entrega de los mandamientos y por consecuencia podemos entender en este discurso, una actualización a los mismos. Posteriormente, Jesús amplía su servicio enviando a sus discípulos a Israel (Mt. 10). En este discurso, Jesús habla de la misión y les envía a predicar el evangelio, ofreciendo a los discípulos sus instrucciones para esta misión, además que le da el nombre de cada uno de ellos.

---

[31] Alejandro Díez Macho, «En torno a las ideas de W. D. Davies sobre el Sermón de la Montaña», en *El Sermón de la Montaña*, trad. A. De la Fuente Adanez (Madrid, España: Ediciones Cristiandad, 1975), 202-8.

A pesar del Ministerio de Jesús, Mateo presenta al pueblo rechazando a Jesús (Mt. 11:2-16:20). Por ello, Juan el Bautista al ver que Jesús no ha llevado a cabo el juicio final anunciado, pregunta si Jesús es realmente "el que ha de venir". Tras ese rechazado de parte de todos los sectores de Israel, Jesús ha de responder con su tercer gran discurso (Mt. 13). En este discurso, Jesús habla a la gente en parábolas, presentando una serie de comparaciones para tratar de explicar el Reino de Dios. Es importante notar que algunas de esas enseñanzas las ofrece a todas las personas y otras de éstas solamente a los discípulos. Mediante una de estas parábolas, Jesús describe a Israel como un pueblo que es ciego, sordo y que no comprende (Mt. 13:1-13). Por esta razón, entendemos que se dice la parábola del trigo y la cizaña (Mt. 13:24-30) con su respectiva interpretación (Mt. 13:36-43); ya que teniendo en cuenta el objetivo del evangelista, no pueden ser consideradas separadamente, sino en su contexto más amplio. Sin lugar a dudas el discurso del capítulo 13 surge como respuesta a la fuerte oposición a Jesús y su mensaje.

Ya llegando al final del evangelio según Mateo, se presenta a Jesús viajando a Jerusalén, el lugar donde ha de padecer, morir y resucitar (Mt. 16:21-28:20). Es en este tramo del evangelio, cuando Jesús sigue enseñando y encontramos el cuarto gran discurso, el Sermón Eclesiástico o el Discurso sobre la Comunidad (Mt.18). Este discurso trata sobre la iglesia, donde Jesús ha de explicar cuál es la iglesia que Él quiere y cómo estructurar la comunidad y el rol de sus discípulos.[32] En esta ocasión, Jesús instruye a los discípulos en torno a su vida en común. Nótese el énfasis particular en cuanto al

---

[32] Por este motivo es que a este discurso también suele conocérsele como el Sermón Eclesiológico.

cuidado y perdón mutuo.

Una vez que llega a Jerusalén y completa su actuación en el templo, Jesús va al Monte de los Olivos (Mt. 24: 1-3). En este quinto gran discurso, el Discurso Escatológico (Mt. 24-25), Jesús, inmediatamente antes de su pasión, mira más allá del presente y anuncia lo que ha de traer el futuro a los discípulos, en el tiempo que seguirá a la resurrección y que conducirá hasta la segunda venida del Hijo del hombre, que es Jesús mismo para advertir a sus discípulos cómo será el "cielo nuevo y la tierra nueva" (Mt. 24:3).

Hemos podido discutir una perspectiva general sobre los cinco grandes discursos. En los próximos capítulos, veremos cada uno de ellos un poco más en detalle y se dará énfasis a aquellos aspectos que a mi juicio resaltan el contenido de carácter eclesiológico y nos instruye a promover la justicia, procurar la libertad de todos y todas, así como la manera de relacionarnos con nuestro entorno social.

3

PRIMER DISCURSO: EL SERMÓN DEL MONTE (MATEO 5 – 7)

El Sermón del Monte puede catalogarse como el resumen de toda la enseñanza de Jesús. El mismo se ubica al inicio del Ministerio de Jesús; justo después del bautismo (Mt. 3:13-17), de haber sido tentado en el desierto por el diablo (Mt. 4:1-11), así como del llamamiento que hace a cuatro de quienes serán sus discípulos (Mt. 4:18-21). Es ya en Mt. 4:23-25 donde encontramos un breve relato, a través del cual se introduce el escenario y sus participantes, ubicándonos en contexto del relato en su totalidad. Inicia este discurso y toda la enseñanza del evangelio con el texto de las Bienaventuranzas donde descansa el mensaje central contenido en la predicación de Jesús: "el Reino de los cielos". Encontramos, además, los lineamientos para que ese Reino se haga realidad en medio de la humanidad.

Es de vital importancia destacar la ubicación geográfica señalada por el evangelista, ya que nos plantea un escenario ideal.[33] Se le denomina, entonces, como Sermón del Monte, precisamente por el lugar que Mateo escogió para ubicar el

---

[33] Se trata de un escenario no necesariamente histórico y a manera de composición por su autor. Podemos notar la diferencia si acudimos al Sermón de la Llanura según relatado en Lucas 6:17-49.

relato. Este discurso es ofrecido desde un "monte" ante la multitud (Mt. 5:1), cuya enseñanza es el anuncio del cumplimiento de las Escrituras y de la renovación de la alianza. Pensamos que el motivo de la simbología de la montaña es como recuerdo de Moisés cuando selló la alianza en el Sinaí.

En este, su primer discurso, Jesús esquematiza el contenido de su predicación: la inauguración del Reino de Dios. Resulta interesante notar este detalle al insertarnos en su estructura de la siguiente forma: Bienaventuranzas del Reino (Mt. 5:3-12); la Ley del Reino (Mt. 5:17-48); la justicia del Reino (Mt. 6:1-18); desprendernos de los bienes de la tierra con el fin de buscar primeramente el Reino de Dios (Mt. 6:19-34); finalmente la puesta en práctica de la ley del Reino (Mt. 7:13-27). No cabe duda de que el texto del primer gran discurso de Jesús en Mateo concluyentemente gira en torno al tema del Reino de Dios.

El Sermón del Monte más bien ofrece una definición de la práctica de Jesús, cuyo fundamento debe ser la práctica de la iglesia. Se trata, entonces, de una práctica cónsona con la llegada del Reino de Dios. Vemos aquí un discurso inaugural y una referencia ineludible para definir la práctica cristiana y eclesial de todos los tiempos, de manera que resulte en la Justicia de Dios. El Sermón comienza su primera sección con las siete bienaventuranzas (Mt. 5:3-10). Cabe notar que tanto la primera como la última de éstas, contienen la misma promesa en tiempo presente. Entre esas dos bienaventuranzas tenemos cinco categorías de personas bienaventuradas y el discurso en tercera persona plural, le imprime un carácter universal. Ya el mensaje no se dirige exclusivamente a los pobres ahí presentes, sino a todas las épocas y Mateo lo transforma al no limitarse a "los pobres", sino que amplía el concepto y lo hace introduciendo a "los pobres de espíritu".

La felicidad no está en ser pobres, sino en su misión de construir el Reino. El primer par de personas después de los pobres son "los que lloran y los humildes" (Mt. 5:4-5). Se trata de una categoría casi semejante de pobres. Son quienes sufren alguna opresión profunda y quienes han sido excluidos/as o despojados/as. Mientras tanto, serán los/as humildes quienes poseerán la tierra. El tercer grupo de personas son quienes tienen hambre de justicia y la misericordia (Mt. 5:6-7). Continúa el discurso mencionando a quienes tienen el corazón limpio, señalando que serán quienes verán a Dios. Mientras que sobre quienes trabajan por la paz, menciona que serán llamados/as hijos/as de Dios.

Finalmente "los perseguidos por causa de la justicia" (Mt. 5:10), son quienes corresponden con "los pobres en espíritu", ya que también son responsables de construir el Reino en tiempo presente. Continúa el discurso haciendo referencia a la comunidad presente, la cual se compone de todas aquellas personas que procuran vivir las bienaventuranzas. Se trata de una comunidad de profetas, que sufre la persecución no como fracaso, sino con alegría. Mediante el empleo de las imágenes de la sal y de la luz, Mateo representa la misión de la comunidad.

Llegamos a la sección del discurso en Mt. 5:17-48 donde Mateo pone en voz de Jesús la tarea de incorporar la Biblia hebrea (la Ley y los Profetas) como Biblia cristiana en la iglesia. Aquí Mateo define el concepto de Justicia, donde contrapone la justicia de los fariseos a la justicia de Jesús.[34] Vemos aquí que Jesús hace una relectura de cinco mandamientos a la luz de su

---

[34] Ser perfectos por el cumplimiento de toda la ley v/s ser perfectos como el Padre es perfecto. Aquí podemos notar la oposición histórica entre la práctica de la sinagoga y la práctica del Reino de Dios (Iglesia según Mateo).

propio concepto de justicia. En Mt. 6:1-18, continúa presente la oposición entre la religión de Jesús y la religión de los fariseos. Aquí hay tres temas concretos en contienda: la limosna, la oración y el ayuno. Mientras que la religión de los fariseos es para ser vistos y se percibe como una religión del poder, Jesús define su concepto de justicia y religión únicamente en función del Padre.[35]

Al entrar a la sección que va desde Mt. 6:19-34 y Mt. 7:1-12, el mensaje se concentra en los problemas internos de la comunidad de Jesús. Vemos una serie de problemas de índole socioeconómica (dinero, riqueza, economía del reino) y una serie de problemas de índole sociopolítica (las relaciones sociales dentro de la comunidad). La última sección ubica en Mt. 7:13-27 y para propósitos de este estudio, nos concentraremos en el contenido de ésta, la cual se conoce como "Amonestación final". Esta sección hace la función de conclusión exhortativa para una respuesta efectiva, como comunidad en la práctica cristiana, a esas enseñanzas que le precedieron durante el discurso de Jesús. Esta porción del sermón, al igual que porciones previas del mismo, suele dividirse en tres secciones que se dividen entre Mt.7:13-14, 7:15-23 y 7:24-27. Es importante destacar que esta exhortación final, en cada una de sus tres secciones establecen contraposiciones antagónicas las cuales nos invitan a reflexionar sobre el tema de juicio final, donde domina el aspecto negativo o de advertencia ante la catástrofe.[36]

A través de los versos 13 al 27 del capítulo 7, podemos notar que aun cuando aparentan estar formados de exhortaciones bastante heterogéneas, componen un conjunto bien unificado.

---

[35] En estos 18 versículos, encontramos que aparece diez veces "Padre".
[36] Luz, *El Evangelio según San Mateo: Mt 1-7*, I:623.

De hecho, sus constantes vínculos verbales prueban esto. Marcel Dumais nos insta a observar los nueve empleos del verbo "hacer" (vv. 17ab, 18ab, 19, 21, 22, 24, 26), los cuales acentúan la importancia de tomar en serio y poner en práctica la enseñanza de Jesús. Además, todas las perícopas presentan una alternativa: dos caminos (vv. 13-14); dos tipos de profetas (vv. 15-20), dos tipos de discípulos (vv. 21-23) y dos tipos fundamento para una casa (vv. 24-27).[37] Desde Mt. 7:13 ciertamente se pone el acento y se enfatiza en la necesidad de elegir. Iniciando con la frase "*Entrad por la puerta estrecha*", surge el contraste entre las dos clases de justicia y de devoción, los dos tesoros, los dos señores y las dos ambiciones han sido plasmados con fidelidad y corresponde ahora el momento de la decisión entre el reino de Satanás o el reino de Dios, la cultura reinante o la contracultura cristiana.[38]

La primera de las exhortaciones, sobre los dos caminos, apunta a las desastrosas consecuencias para aquellas personas que insisten en continuar caminando fuera del sendero trazado por Jesús. Con su analogía podemos notar que la puerta ancha y el camino espacioso a donde conduce es a la perdición cuando, en contraste, la puerta y camino angosto conducen a la vida. Claro está, según las exhortaciones de Moisés, Jesús señala aquí que esa diferencia entre vida y destrucción ha de depender de la obediencia a sus enseñanzas.[39] Es interesante notar que aun cuando la imagen de la puerta puede muy bien invitar a recordar la imagen de las puertas de la ciudad celestial, una imagen de las diversos tipos de puertas a las ciudades de la

---

[37] Marcel Dumais, *El Sermón de la montaña (Mateo 5-7)*, No. 94 (Navarra, España: Editorial Verbo Divino, 1998), 58.
[38] John RW Stott, *El Sermón del Monte: Contracultura Cristiana*, trad. Carmen Pérez de Camargo y Ruth Padilla Eldrenkamp, Segunda ed (Buenos Aires, Argentina: Ediciones Certeza, 1998), 225.
[39] Cortés-Fuentes, *Mateo*, 54.

época, la entrada de los justos por la puerta del templo, las puertas del paraíso terrenal y las puertas de la vida, resulta algo extraño hablar de una puerta estrecha. Mateo se atiene aquí al uso lingüístico judío, el cual influenciado por Deuteronomio 30:15-19 y Jeremías 21:8, contrapone el camino de la muerte ante el de la vida. Por lo tanto, resulta necesario elegir entre dos modos de vida antagónicos.[40] El tema de dos caminos y dos puertas resultaba altamente conocido, por lo que la formulación de Mateo no aparenta gran novedad porque podría encontrarse en otros textos, aparte de las Escrituras, tales como muchos apocalípticos judíos, y de un modo especial en los libros de Qumrán. Lo que es novel en la manera que Mateo lo presenta, reside en su manera de entender esos caminos, y cómo los vincula a la historia y pascua de Jesús, especialmente en las parábolas (Mt 13) y el juicio final (25,31-46).[41]

En cuanto a la porción de Mt. 7:15-23, sobre los falsos profetas, tomando en consideración el discurso en Lucas podemos notar que en Mateo hay una redacción más abundante y resalta la mención expresa de falsos profetas.[42] Es importante señalar que, si Mateo hace notar ese detalle, debía haber esa situación dentro de la comunidad y resultaba importante atender el asunto dentro del contexto de la comparación de los dos tipos de árboles. De hecho, muchos/as exégetas piensan que Mateo alude a ciertos

---

[40] Este dato sobre las citas de Deuteronomio y Jeremías es mencionado en sus respectivos comentarios por Luz, Dumais y Pikaza. Luz, *El Evangelio según San Mateo: Mt 1-7*, I:627; Dumais, *El Sermón de la montaña (Mateo 5-7)*, 58; Pikaza Ibarrondo, *Evangelio de Mateo: De Jesús a la iglesia*, 313.

[41] Pikaza Ibarrondo, *Evangelio de Mateo: De Jesús a la iglesia*, 313.

[42] Con el propósito de evaluar y comparar el contenido de ambos pasajes, se utilizó el libro de P. Benoit M, E. Boismard, y J.L. Malillos, *Sinopsis de los 4 evangelios de la Biblia de Jerusalén*, 8va ed. (Bilbao, España: Desclée Brouwer, 1987).

miembros de la comunidad cristiana y se trata de cristianos que no producen frutos buenos (vv. 16-20), todo a vez que, aunque proclaman su fe en el Señor y hacen ciertas acciones espectaculares tales como profecías, exorcismos y milagros, no hacen la voluntad del Padre. Ciertamente estas personas, al no balancear su vida con las exigencias reveladas por Jesús en el Sermón del Monte, crean una situación de iniquidad. Una lectura de Mt.7:15-23 como una sola unidad y no como dos perícopas separadas, nos permite verlo más claro.[43]

Es interesante la manera en que Mateo describe a los falsos profetas. Ciertamente se trata de unas imágenes de contraste donde "ovejas" representan su apariencia, mientras "lobos rapaces" delatan su intención. Por lo tanto, el criterio para distinguir al verdadero o al falso profeta no reside en las señales o la falsa doctrina que proclamen; tampoco en aquellas experiencias carismáticas que siguen sin hacer la voluntad del Padre, sino en la práctica. En resumen, son personas que no solamente carecen de demostraciones de consideración a la Ley, sino que hasta la desprecian.[44]

La última parte de esta exhortación final se dirige hacia otra interesante contraposición de dos cimientos. En Mt.7:24-27 se nos presenta una doble parábola, la cual es de carácter escatológico donde se nos plantea dos posibilidades. En esta doble parábola se habla de dos constructores de vivienda: un sensato que construye su casa sobre cimiento rocoso y otro necio que construye sobre terreno arenoso. Con esta parábola se desvía el tema sapiencial, donde la imagen de la casa se asocia a la "consistencia" del justo, hacia lo escatológico y ya desde

---

[43] Dumais, *El Sermón de la montaña (Mateo 5-7)*, 59.
[44] Cortés-Fuentes, *Mateo*, 54; Luz, *El Evangelio según San Mateo: Mt 1-7*, I:642.

los vv. 20-23 se venía hablando del juicio final.[45]

Mientras la parte de los falsos profetas destacaba el contraste entre lo dicho y lo hecho, ahora se establece entre el oír y el hacer. En esta porción, Jesús se apresta a ilustrar el contraste entre sus oyentes: el obediente y el desobediente. Analizando con detenimiento el ejemplo de los dos constructores, un/a observador/a casual no habría notado la diferencia entre ambos edificios terminados. Ciertamente, la diferencia estaba en los cimientos y éstos no se ven. No es hasta el momento que una tormenta les azotó que se revela la diferencia fundamental y su fatal consecuencia. Del mismo modo, quienes profesan ser cristianos/as con frecuencia lucen semejantes. Lo que tienen en común ambos/as constructores/as de casas espirituales es que son parte de la comunidad cristiana visible. Sin embargo, los cimientos profundos de sus vidas están ocultos.[46]

Todas estas contraposiciones en la exhortación final, sin duda, hacen la función de subrayar que cada individuo tiene que enfrentar una opción, con todas sus consecuencias. En todos los casos, hay que optar en el fondo por la vida o por la muerte. La dimensión de juicio escatológico presente en cada uno de los textos indica que se trata nada menos que de una opción entre la vida y la muerte eterna.[47]

Para una mejor comprensión y aplicación a nuestro contexto, consideremos el Sermón del Monte como una llamada a la acción que resuena a lo largo del tiempo, una carta pastoral que trasciende los siglos y llega directamente a nuestros corazones contemporáneos. Este discurso inaugural

---

[45] Luz, *El Evangelio según San Mateo: Mt 1-7*, I:650-51.
[46] Stott, *El Sermón del Monte: Contracultura Cristiana*, 243-44.
[47] Dumais, *El Sermón de la montaña (Mateo 5-7)*, 58.

de Jesús, impartido desde la majestuosa escenografía de una montaña, se establece como un faro espiritual, iluminando el camino para quienes buscan entender y vivir el Reino de Dios.

Desde esa elevada perspectiva, Jesús ofrece las Bienaventuranzas, no solo como declaraciones de felicidad, sino como mapas detallados para navegar por la complejidad de la vida. "Bienaventurados los pobres de espíritu" nos recuerda que la verdadera riqueza no reside en acumular bienes materiales, sino en la humildad y la apertura espiritual.

Las imágenes de dos caminos y dos puertas plantean una elección crucial: seguir el sendero estrecho del amor, la justicia y la compasión, o dejarse llevar por la amplia autopista de la indiferencia y el egoísmo. El Sermón del Monte nos desafía a tomar decisiones conscientes, a no ser solo oyentes, sino personas activas y comprometidas con la construcción del Reino en la Tierra.

En medio de la sociedad contemporánea, donde las voces discordantes y las ideologías divergentes parecen inundarlo todo, el llamado de Jesús a discernir entre falsos profetas y verdaderos constructores de su Reino resuena con urgencia. Nos invita a mirar más allá de las apariencias, a evaluar las acciones y los frutos, y a no dejarnos engañar por quienes proclaman palabras vacías.

Finalmente, la parábola de los dos cimientos nos coloca frente a la realidad de construir nuestras vidas sobre fundamentos sólidos. En un mundo saturado entre tormentas de desafíos y crisis, esta ilustración nos despierta a la importancia de arraigar nuestras vidas en principios eternos, en la roca inmutable de la fe y la obediencia a las enseñanzas de Jesús.

El Sermón del Monte, entonces, no es simplemente un discurso antiguo, sino un eco eterno que nos desafía a vivir vidas auténticas, comprometidas con la justicia, la misericordia y la construcción de un Reino que trasciende las limitaciones temporales. Es una guía pastoral que, aunque formulada hace siglos, ilumina el camino para que cada generación descubra su relevancia atemporal y se embarque en la travesía de seguir a Jesús hacia la plenitud de la vida eterna.

4

SEGUNDO DISCURSO: EL ENVÍO EN MISIÓN (MATEO 10)

Luego de haber realizado una presentación de Jesús como el Maestro que ofrece la auténtica interpretación de la Ley durante el Sermón del Monte, Mateo termina la presentación específica de Jesús como Mesías con el segundo gran discurso, conocido como Discurso de Misión ya que este discurso se ubica dentro de un contexto de envío misionero.[48] En este capítulo, el evangelio según Mateo desarrolla el llamado de Jesús a los discípulos para sumarse a su misión liberadora como "pescadores de hombres".[49] Finalizando el capítulo anterior, notamos que el texto enfatizó en la compasión de Jesús por las multitudes laceradas y abatidas, la falta que éstas tenían de obreros apostólicos y la necesidad de rogar por el envío de ese tipo de trabajadores.[50] En respuesta, Mateo ha construido este capítulo y en su desarrollo vemos el primer envío a Galilea, que por una parte mira hacia el pasado y por otra parte se abre al futuro del envío universal, el cual propiamente el Jesús

---

[48] Brown, *Introducción al Nuevo Testamento: 1. Cuestiones preliminares, evangelios y obras conexas*, 260.
[49] Este término es acuñado previamente en Mateo 4:19 y lo empleamos aquí para enfatizar el rol que han de tener en la misión que se les encomienda, conscientes de que incluye tanto a hombres como mujeres.
[50] Carter, *Mateo y las márgenes: Una lectura sociopolítica y religiosa*, 353.

resucitado ha de proclamar en Mt. 28:16-20.[51] Resulta interesante que, a pesar de sus fuentes y tener paralelos en los evangelios según Marcos y Lucas, este discurso también es exclusivo de Mateo y también ha utilizado fuentes como Q y material propio para su composición. A modo de ejemplo, la lista de nombres de Mt. 10:1-4 tiene paralelo en Mc. 3:13-19. Sin embargo, la forma particular de Mateo nos muestra su estilo e intereses particulares.[52]

Los comentarios consultados, muestran algunas diferencias en cuanto a la estructura de este capítulo y aunque concuerdan con una división de cuatro partes principales, la extensión de cada una varía según cada comentarista.[53] Teniendo en cuenta que la estructura es tema de discusión entre comentaristas bíblicos, entiendo que puede resultar más útil privilegiar el siguiente esquema:

Mt. 10:1-4   Llamada y autorización de una comunidad alternativa.

Mt. 10:5-15   Cuatro aspectos de la misión.

Mt. 10:16-23   Dureza de la misión: la persecución, inevitable.

Mt. 10:24-42   Valentía, efectos y recompensa de la misión fiel.[54]

---

[51] Pikaza Ibarrondo, *Evangelio de Mateo: De Jesús a la iglesia*, 364.
[52] Cortés-Fuentes, *Mateo*, 70.
[53] Carter, *Mateo y las márgenes: Una lectura sociopolítica y religiosa*, 353; Cortés-Fuentes, *Mateo*, 69; Pikaza Ibarrondo, *Evangelio de Mateo: De Jesús a la iglesia*, 364.
[54] Luego de estudiar con detenimiento las estructuras de la cita anterior, escogí la de Carter, *Mateo y las márgenes: Una lectura sociopolítica y religiosa*, 353. Esta decisión se basó en que, agrupaba mejor los temas permitiendo mayor comprensión.

Llamada y autorización de una comunidad alternativa.

En los primeros cuatro versículos, Mateo ofrece la lista de los doce Apóstoles, de manera que hace una relación entre la misión de los discípulos a la mitad del ministerio de Jesús, con el envío apostólico luego de la resurrección.[55] Como mencionáramos anteriormente, esta porción de inicio es una continuación directa de Mt 9:38, donde Jesús pedía a sus discípulos que rogaran al Señor que enviara obreros a su mies. Quién les envía es el propio Dios y les llama para confiarles una tarea que debe entenderse en dos niveles: en el tiempo de Jesús en Galilea y en el tiempo en que Mateo escribe su evangelio.[56] Según doce eran los hijos de Israel y doce tribus, probablemente el número de doce discípulos sea una referencia simbólica a la restauración escatológica del pueblo de Dios.[57] Los doce son llamados **apóstoles**, palabra derivada del verbo griego para "enviar" subrayando la autoridad de Jesús, así como la autoridad, identidad y tarea misionera que se les asigna.[58]

Cuatro aspectos de la misión.

Como primer aspecto, vemos el campo de actuación para la misión. Desde el versículo 5, el inicio del sermón emplea una

---

[55] Brown, *Introducción al Nuevo Testamento: 1. Cuestiones preliminares, evangelios y obras conexas*, 260.
[56] Pikaza Ibarrondo, *Evangelio de Mateo: De Jesús a la iglesia*, 365.
[57] Cortés-Fuentes, *Mateo*, 70; Craig S. Keener, *Comentario del contexto cultural de la Biblia: Nuevo Testamento*, trad. Nelda Bedford de Goydou et al., 10ma ed. (El Paso, Texas: Editorial Mundo Hispano, 2017), 65; Ulrich Luz, *El Evangelio según San Mateo: Mt 8-17*, trad. Manuel Olasagasti Gaztelumendi, Segunda ed, vol. II (Salamanca, España: Ediciones Sígueme, 2006), 123.
[58] Carter, *Mateo y las márgenes: Una lectura sociopolítica y religiosa*, 355.

amonestación para no ir a los gentiles y a los samaritanos, si no a "las ovejas perdidas de la casa de Israel". Esto pudiese tratarse de un reflejo de la comunidad mateana, donde en un principio hubo una misión casi exclusivamente orientada a los judíos, más tarde hubo un cambio hacia los gentiles.[59] El segundo aspecto es que la tarea comisionada, consiste en: predicar que el Reino está cerca; sanar enfermos; limpiar leprosos; resucitar muertos; y echar fuera demonios. Nótese que eran las mismas tareas de Jesús en los capítulos 8 y 9. Tal como enseñó en su predicación durante el Sermón del Monte, así como su acción durante las narrativas de los milagros, los discípulos se constituyen en la continuación del ministerio de Jesús y muestra del ministerio de la iglesia.

El tercer aspecto invita a dar de gracia lo que por gracia han recibido, o sea los discípulos tienen que llevar a cabo su misión sin costos para sus beneficiarios, de modo que pudiesen llegar también a los/as pobres. No es posible pasar por alto el asunto de que el equipaje para esta misión es caracterizado por su economía y su ligereza. La vida del discípulo ha de fundamentarse de acuerdo con la enseñanza de Jesús sobre la confianza absoluta en Dios. Como cuarto aspecto, los discípulos deberán ser valientes puesto que encontrarán división en su acogida y ante eso no deben forzar cambios de actitud ni buscar otros medios de sometimiento de la voluntad ajena. Se les recomienda, entonces, "Dejad esa casa o ciudad", ejecutando una acción que simboliza las consecuencias de la respuesta negativa: "sacudíos el polvo de los pies", lo que puede constituir una invocación del castigo de Dios (Neh. 5:13) o descargarse de responsabilidad. Con tal gesto, los

---

[59] Brown, *Introducción al Nuevo Testamento: 1. Cuestiones preliminares, evangelios y obras conexas*, 260.

discípulos declaran haber sido fieles a su encomienda. Cabe destacar que esta sección termina con una solemne advertencia sobre quien rechace la misión de los discípulos se condena en el juicio.[60]

Dureza de la misión: la persecución, inevitable.

Hay un reconocimiento de que proclamar la llegada del Reino de Dios ha de encontrar oposición. Sin embargo, Jesús no solo anuncia las dificultades, sino que ofrece estrategias para defenderse en momentos difíciles. Las sinagogas eran lugares idóneos para las audiencias de disciplina pública y que en ocasiones se administraba en forma de azotes. Estas advertencias han de resultar dolorosas para los/as judíos/as cristianos/as, puesto que significarían el rechazo entre su propio pueblo. La experiencia de persecución incluye la ruptura de la vida familiar, a tal punto que la muerte será precipitada por miembros de la misma familia. Sin embargo, solo la fidelidad "hasta el fin" alcanzará la salvación. Aun cuando el Espíritu del Padre celestial hará que quienes testifiquen en tribunales tengan la capacidad de hablar con valentía, estos juicios dividirán a la familia y los discípulos perseguidos tendrían que huir de una ciudad a otra.[61]

---

[60] Carter, *Mateo y las márgenes: Una lectura sociopolítica y religiosa*, 355-59; Cortés-Fuentes, *Mateo*, 71-72.

[61] Cortés-Fuentes, *Mateo*, 72-73; Keener, *Comentario del contexto cultural de la Biblia: Nuevo Testamento*, 67; Brown, *Introducción al Nuevo Testamento: 1. Cuestiones preliminares, evangelios y obras conexas*, 261.

Valentía, efectos y recompensa de la misión fiel.

A toda la advertencia anterior, le siguen palabras de apoyo y consuelo, asegurando el cuidado divino. Jesús ahora los anima situando la persecución en el contexto de los planes de Dios. Los versículos 26, 28 y 31 utilizan la frase "no temáis" para subrayar la revelación del control soberano de Dios sobre el futuro y el presente. Jesús promete que los discípulos fieles serán recompensados en el juicio.[62] El llamado de lealtad incondicional queda plasmado cuando Jesús reclama la prioridad de toda la vida. En una alusión a Miqueas 7:6, el llamado al discipulado es tal que ha de priorizarse sobre la sagrada institución de la familia.[63]

Solo en el evangelio según Mateo se habla de una espada del Cristo de Dios, que posteriormente Heb. 4:12 interpretará de manera interior, como cuchillo que penetra en la intimidad radical de la persona. En este pasaje, la espada es la que se introduce en el interior de la familia. Aunque podía tener elementos buenos, la espada se vinculaba a la expulsión de los/as pobres y enfrentamientos con las otras naciones y familias.[64] Finaliza el mensaje, hablando de la consecuencia de la no aceptación de los discípulos por las personas. Proyectando su mensaje más allá de los doce, exhorta indirectamente a la comunidad externa de la iglesia. Recibir a los discípulos es recibir a Cristo y como las personas respondan, determinará la recompensa a recibir.[65]

---

[62] Carter, *Mateo y las márgenes: Una lectura sociopolítica y religiosa*, 363.

[63] Aunque es muy probable la alusión a Miqueas en Mt. 10:26, el texto no lo hace explícito. Bien puede tartarse también de un eco del pasaje

[64] Pikaza Ibarrondo, *Evangelio de Mateo: De Jesús a la iglesia*, 394.

[65] Brown, *Introducción al Nuevo Testamento: 1. Cuestiones preliminares, evangelios y obras conexas*, 261.

Ahora bien, visualiza un pergamino desplegándose ante nuestros ojos, un mapa antiguo marcado por la divina llamada. Con este discurso, Mateo nos transporta a un viaje misionero atemporal. Los doce Apóstoles, símbolos de la restauración divina, son llamados a una tarea que trasciende las épocas y nos corresponde continuarla.

Este relato es como un cuadro en movimiento: la expansión de la misión desde Israel hacia horizontes universales. Los discípulos, como exploradores de lo sagrado, llevan consigo la gracia, compartiéndola como luz en la oscuridad. Con este discurso, Jesús envía a sus discípulos con una misión que trasciende las barreras culturales y geográficas, recordándoles que la extensión del Reino de Dios abarca a toda la humanidad. En un mundo cada vez más interconectado, la iglesia contemporánea puede encontrar inspiración en este llamado universal, desafiando la tentación de limitar su alcance y recordando que la misión de Cristo es para toda la humanidad, sin importar su origen o condición.

Hemos visto cómo la valentía ante la oposición es un tema central en las palabras de Jesús. En la actualidad, donde la fe cristiana puede enfrentar resistencia y críticas, la exhortación de Jesús a no temer y perseverar en la misión sigue siendo relevante. La iglesia debe cultivar una valentía arraigada en la confianza en la providencia divina, recordando que, a pesar de los desafíos, la promesa de recompensa es eterna.

La economía y ligereza que Jesús enseña a sus discípulos resuena en un mundo consumista y materialista, sazonado por teologías que promueven la prosperidad. Sin embargo, la iglesia contemporánea puede aprender a compartir generosamente el mensaje del evangelio sin imponer barreras económicas. La simplicidad en la misión refleja la confianza en la provisión divina y comunica que el amor de Cristo no tiene precio ni condiciones.

La priorización de la misión sobre las relaciones familiares, un concepto desafiante presentado por Jesús, invita a la reflexión en la sociedad actual, donde las prioridades a menudo giran en torno al éxito profesional y la familia. La iglesia debe recordar que el llamado de Cristo debe estar en el centro de nuestras vidas. Indudablemente, la lealtad a la misión puede requerir decisiones difíciles, pero con la promesa de una recompensa divina que supera cualquier sacrificio.

A pesar de que hoy vivimos en un contexto donde la comunidad y la solidaridad son cada vez más escasas, la llamada de Jesús a formar una comunidad alternativa resuena como un antídoto contra la soledad y la desconexión moderna. La iglesia puede ser un testimonio de amor auténtico y solidaridad, demostrando que la verdadera comunidad se encuentra en seguir a Cristo y pescar hombres juntos.

De manera clara y concisa, este segundo gran discurso de Jesús proporciona principios atemporales que desafían y guían a la iglesia contemporánea. La universalidad de la misión, la valentía ante la oposición, la economía en la acción, la priorización de la misión sobre las relaciones familiares y la formación de una comunidad sólida son aspectos fundamentales que iluminan el camino de la iglesia en un mundo en constante cambio.

5

TERCER DISCURSO: EL SERMÓN DE LAS PARÁBOLAS (MATEO 13)

El capítulo 13 del evangelio según Mateo, inicia con una introducción tomada del evangelio según Marcos, la cual también nos permite referirnos al mensaje como "sermón de la barca sobre el lago", aunque la mayoría de los/as comentaristas lo identifican como "sermón de las parábolas". Recordemos que la escena anterior (Mt. 12:46-50) suponía que Jesús se hallaba en la casa rodeado de discípulos, su familia esperaba afuera pues quería hablarle. Entonces, declarando que su auténtica familia la formaban los que cumplen la voluntad de Dios, Jesús sale y se dirige a todos/as desde la orilla del mar. Este escenario, es comparable con el Sermón del Monte y se mantiene a lo largo del capítulo. La orilla del mar resulta ser un lugar conveniente pues invita a pensar en la unión de pueblos, lo que abre un espacio de interpretación universal del mensaje.[66]

En este capítulo, tenemos el tercer gran discurso de enseñanzas de Jesús, en el cual combina siete parábolas para explicar el carácter oculto del Reino. El tema central de esta sección es el misterio del Reino en el mundo y la construcción

---

[66] Pikaza Ibarrondo, *Evangelio de Mateo: De Jesús a la iglesia*, 457.

de la iglesia de Jesús. Aunque comienza con una amplia audiencia, solamente los discípulos han de recibir la explicación de éstas y desde el versículo 10 en adelante, solamente se dirige a los discípulos.[67]

Antes de dialogar con el tema que nos trae este discurso, cabe detenernos un momento a considerar y resaltar cómo Jesús empleaba el uso de las parábolas para ilustrar sus enseñanzas. De hecho, las parábolas se presentan como relatos aparentemente simples, pero cargados de significado y profundidad. Estas historias fueron el medio por el cual Jesús transmitió sus enseñanzas espirituales de una manera que desafiaba las convenciones sociales y religiosas de su tiempo.[68] En muchos casos, las parábolas se convirtieron en herramientas de resistencia, ya que Jesús enfrentaba cuestionamientos y oposición por parte de las autoridades religiosas, especialmente los fariseos.

Las tensiones entre Jesús y los fariseos, que eran considerados como los guardianes de la ley y la tradición, se reflejaban en la manera en que Jesús presentaba sus enseñanzas. Las parábolas se volvieron vehículos poderosos para expresar críticas veladas y desafiar las interpretaciones legalistas de la ley judía. La Parábola de los Labradores Malvados (Mateo 21:33-46), por ejemplo, pone de manifiesto la resistencia de Jesús al describir la injusticia y la oposición violenta hacia los mensajeros de Dios, señalando implícitamente la actitud de los líderes religiosos de su tiempo.

La búsqueda de la justicia divina es otro elemento crucial en la enseñanza de Jesús a través de parábolas. Al presentar

---

[67] Cortés-Fuentes, *Mateo*, 89.
[68] Joachim Jeremías, *Interpretación de las parábolas*, trad. Francisco Javier Calvo, 9na ed (Pamplona, España: Editorial Verbo Divino, 1971).

historias que alteran las nociones convencionales de justicia y mérito, Jesús desafía las estructuras socioeconómicas y religiosas que perpetuaban la desigualdad. La Parábola de los Trabajadores en la Viña (Mateo 20:1-16) es un ejemplo paradigmático de esta resistencia a las normas establecidas. Jesús propone un sistema de recompensa basado en la gracia divina, desafiando así las expectativas humanas de retribución proporcional al esfuerzo. Además, las parábolas de Jesús actúan como herramientas que fomentan el pensamiento crítico y la reflexión personal. A través de narrativas que a menudo desafían las expectativas culturales y sociales, Jesús invita a sus oyentes a cuestionar sus propias creencias y comportamientos.

La enseñanza de valores del Reino de Dios es un hilo conductor en todas las parábolas de Jesús. Estos relatos transmiten principios fundamentales de amor, compasión, humildad y perdón. Estos valores, presentados en las parábolas, no solo eran instrucciones morales, sino también una visión alternativa a las normas sociales y religiosas imperantes.

Sin dudas, las parábolas de Jesús sirvieron como mecanismos multifacéticos con un propósito claro: desafiar, resistir, promover la justicia divina, fomentar el pensamiento crítico y enseñar los valores del Reino de Dios. En el contexto de las tensiones y las expectativas culturales de su tiempo, Jesús utilizó estas narrativas para plantar semillas de cambio en las mentes y corazones de sus seguidores. Las parábolas, con su naturaleza subversiva y su profundo significado espiritual, se convirtieron en faros de luz en medio de las oscuridades de la injusticia y la rigidez legalista, guiando a quienes estaban en la disposición de escuchar y dejarse guiar hacia una comprensión más profunda del amor y la voluntad de Dios.

Regresemos ahora a profundizar en este discurso. La serie de parábolas que aquí se nos presenta, resulta ser el centro estructural del evangelio y, tal como mencionaba anteriormente, funciona como comentario transformado al rechazo por parte de los fariseos contra Jesús en los dos capítulos previos.[69] El discurso en general, parece estar estructurado en tres partes principales, terminando con una interpretación a una parábola específica. Primeramente, se ubica la parábola del sembrador (Mt. 13:3-9), seguida de una explicación a modo de paréntesis sobre el propósito de las parábolas (Mt. 13:10-17) y una interpretación realizada sobre la parábola del sembrador (Mt. 13:18-23). Una segunda parte se compone de las parábolas del trigo y la cizaña (Mt. 13:24-30), la del grano de mostaza (Mt. 13:31-32) y de la levadura (Mt. 13:33); todas seguidas por otro paréntesis sobre el propósito de las parábolas (Mt. 13:34-35) y culmina la parte con una explicación a la parábola del trigo y la cizaña (Mt. 13:36-43). Como tercera y última parte, encontramos las parábolas del tesoro escondido (Mt. 13:44), la perla (Mt. 13:45-46) y la parábola de la red (Mt. 13:47-48). El capítulo culmina con una afirmación positiva de entendimiento por parte de los discípulos.[70]

Para propósitos de este libro, nos concentraremos en la parábola del trigo y la cizaña (Mt. 13:24-30), incluyendo su explicación (Mt. 13:36-43). Cabe destacar que comparando los textos de Mateo 13 con los demás evangelios, notamos que esta parábola está ausente de los evangelios según Marcos y según

---

[69] Brown, *Introducción al Nuevo Testamento: 1. Cuestiones preliminares, evangelios y obras conexas*, 264-65.
[70] Cortés-Fuentes, *Mateo*, 89.

Lucas; lo que nos puede indicar que también están ausentes en Q por ser ambos segmentos exclusivos del evangelio según Mateo y que desembocan en una alegoría apocalíptica del mundo.[71]

Más allá de tratarse de otra parábola, similar al estilo que la del sembrador, esta sección debería entenderse como una ampliación e interpretación de la anterior, en clave de conflicto satánico y juicio escatológico. Se trata más bien de una parábola (Mt. 13:24-30), que culmina con su propia interpretación (Mt. 13:36-43). De esta manera, nos situamos en el centro de un proceso el cual inició en la tentación de Jesús (Mt. 4:1-11) y habrá de culminar en su juicio (Mt, 25:31-46). Dentro de la ubicación redaccional entre la parábola y su interpretación, encontramos dos pequeñas parábolas explicativas, las cuales resultan de utilidad para situar el tema. Este segmento del capítulo 13 está construido en forma de tríptico: a). Parábola básica: El sembrador y su enemigo (Mt. 13:24-30). b) Intermedio (Mt. 13:31-36). c) Interpretación apocalíptica, que resuelve la parábola, en línea teológica (Mt. 13:36-43).[72]

"El reino de los cielos es semejante a un hombre que..." es una frase que no significa que el Reino se compare solamente con ese hombre. Las parábolas rabínicas, con frecuencia iniciaban con frases similares y en esas parábolas la frase significaba que el tema estaría siendo explicado por la totalidad de la analogía que le seguiría y no solamente por la palabra siguiente.[73] Este versículo 24 marca una breve introducción con la cual se enlaza esta parábola con las próximas dos. Notemos que el tema de la siembra es el mismo que la parábola

---

[71] Benoit M, Boismard, y Malillos, *Sinopsis de los 4 evangelios de la Biblia de Jerusalén*, 114-16.
[72] Pikaza Ibarrondo, *Evangelio de Mateo: De Jesús a la iglesia*, 470.
[73] Keener, *Comentario del contexto cultural de la Biblia: Nuevo Testamento*, 77.

anterior y que la interpretación de ésta, tiene lugar en privado con los discípulos.⁷⁴ Luego de crear una escena similar, alguien que "sembró buena semilla en su campo", aunque buena y en su campo sugieren que el tema va a ser algo diferente. Un enemigo "sembró cizaña entre el trigo". La cizaña y el trigo crecen juntos. Este sembrador no se refiere a un campesino que tiene un terreno malo, sino un rico que es padre de familia, con siervos y buenas tierras. Según el relato, los siervos preguntan al amo sobre la aparición de la cizaña, a lo que éste les contesta que "un enemigo ha hecho esto". Aun así, prohíbe a los siervos que quiten ahora la cizaña, para evitar que a la vez arranquen el trigo. Será necesario esperar hasta la cosecha, cuando los segadores recogerán primero la cizaña y la quemarán, y luego reunirán el trigo en el granero.⁷⁵ El escenario de los campos de trigo mezclados con cizaña es común en Palestina, sin embargo, no así la explicación que se da. Esta figura del enemigo constituye una metáfora clásica para designar al diablo.⁷⁶

Ahora Jesús deja a la multitud que escuchaba y regresa junto a los discípulos a la casa de la que salieron en Mt. 13:1. Es momento de instruir a sus discípulos y esa comprensión no será en virtud de un acto sobrenatural sino por la propia enseñanza de Jesús a ellos. Mateo destaca el punto negativo, o sea la mala hierba, porque su interés es desembocar en la advertencia. El sembrador aquí es el Hijo del hombre y dejará claro que el Hijo del hombre tiene en su mano tanto la siembra como la cosecha y por consecuencia, toda la historia universal. Debemos tomar en cuenta que, para Mateo, el Hijo del hombre

---

⁷⁴ Luz, *El Evangelio según San Mateo: Mt 8-17*, II:427.
⁷⁵ Carter, *Mateo y las márgenes: Una lectura sociopolítica y religiosa*, 427-28.
⁷⁶ Daniel Marguerat, *Parábola*, CB. No. 75 (Navarra, España: Editorial Verbo Divino, 1992), 35.

es el Señor del juicio y quien acompaña a la comunidad. El campo no es la iglesia, sería una idea literariamente imposible para Mateo puesto que, a este punto de su historia sobre Jesús, los discípulos aún no se han constituido como comunidad especial y ni siquiera existe una iglesia. Además, para Mateo, la iglesia se constituye por su misión en el mundo. En cuanto a las semillas de cizaña son los "hijos del Malo". El enemigo es el diablo. Cabe señalar que la recolección tiene lugar en el final de los tiempos y los segadores son los ángeles del juicio, asunto que para el judaísmo es de importancia con relación a la espera del Hijo del hombre.[77]

Esta interpretación alegórica, permite ver esta parábola como una descripción apocalíptica del fin del mundo, la cual adquiere un aspecto ético y su juicio se determina porque sus acciones afectan negativamente a los fieles.[78] Podemos interpretar esta parábola viendo toda la escena como una descriptiva del Reino de Dios: su presencia, su coexistencia con el mal, la oposición que provoca, su culminación. Enfocado de esta manera, es posible trazar equivalencias entre aspectos de la parábola y realidades exteriores a ella.[79] Contrario a lo que se refería la del sembrador, la parábola del trigo y la cizaña parece trasladarse a otro nivel de preocupaciones. Luego de que la predicación haya logrado que otros/as se unan, éstos/as vivirán en el mundo junto a los/as malvados/as.

Cabe preguntarse aquí: ¿Por qué no eliminar el mal? Ciertamente esto podría llevarnos a arrancar también a los/as buenos/as. Por lo tanto, la separación será asunto del Hijo del hombre en el juicio futuro.[80] No olvidemos que la comunidad

---

[77] Luz, *El Evangelio según San Mateo: Mt 8-17*, II:454-55.
[78] Cortés-Fuentes, *Mateo*, 93-94.
[79] Carter, *Mateo y las márgenes: Una lectura sociopolítica y religiosa*, 428.
[80] Brown, *Introducción al Nuevo Testamento: 1. Cuestiones preliminares, evangelios y obras*

mateana vive la realidad de que no todos/as son buena semilla. Tal como nos decía Mt. 7:15-27, la apariencia de religiosidad dificulta el poder distinguir entre los/as verdaderos/as miembros de la comunidad y quienes no lo son. Así que nuestra parábola afirma que Dios ha establecido que habrá un juicio en el cual se ha de separar a los/as justos/as y los/as injustos/as hacia su destino eterno.[81]

Imaginemos un inmenso campo de trigo, con tallos dorados ondeando al viento y brotes verdes que prometen una cosecha abundante. Pero entre este paisaje de esperanza, también se observan esporádicamente brotes de cizaña, malas hierbas que amenazan con ahogar la vitalidad del trigo. Este campo refleja la realidad de nuestra sociedad, donde coexisten la bondad y la maldad, la virtud y la injusticia.

Jesús, en su sabiduría, nos presenta esta imagen para ilustrar la coexistencia del bien y el mal en nuestra vida cotidiana. Nos invita a reflexionar sobre la paciencia y la confianza en que, al final, habrá un juicio divino que separará lo justo de lo injusto. Vivimos en un mundo donde a menudo nos preguntamos por qué el mal persiste junto al bien, por qué la injusticia parece florecer en medio de la virtud. Esta parábola nos ofrece consuelo y desafío. Nos consuela al recordarnos que, aunque experimentamos la coexistencia de lo bueno y lo malo, hay un plan divino que se desarrolla. Nos desafía a mantener la integridad y la bondad en medio de un entorno donde la maldad intenta arraigar.

En la sociedad contemporánea, donde vemos constantes tensiones, divisiones y desafíos éticos, la parábola del trigo y la cizaña nos llama a ser agentes de cambio positivo. Nos anima

---

conexas, 265.
[81] Cortés-Fuentes, *Mateo*, 93.

a cultivar el bien, la compasión y la justicia, incluso cuando enfrentamos la oposición de fuerzas adversas. La parábola nos recuerda que, al igual que el agricultor espera pacientemente la cosecha, nosotros/as también debemos perseverar con esperanza y confianza en la justicia divina que finalmente prevalecerá.

Así, en nuestra reflexión pastoral contemporánea, esta parábola nos insta a ser constructores de paz, promotores de la justicia y portadores de esperanza en un mundo que a veces parece estar lleno de tensiones y contradicciones. Nos recuerda que, aunque enfrentamos desafíos y presenciamos la coexistencia de lo bueno y lo malo, nuestro rol es ser instrumentos de amor y transformación, contribuyendo a la construcción del Reino de Dios en la tierra.

6

CUARTO DISCURSO:
SERMÓN ECLESIOLÓGICO
EL DISCURSO SOBRE LA COMUNIDAD
(MATEO 18)

Teniendo en cuenta las dificultades del modo de vida como discípulos que hasta aquí nos ha traído el evangelio según Mateo, Jesús instruye a sus discípulos en el presente capítulo. Se trata del cuarto de sus cinco discursos principales, esta vez, la instrucción es dirigida a fomentar que el apoyo mutuo marque sus relaciones y prácticas. El capítulo incluye cuatro referencias al reinado de Dios (Mt. 18: 1, 3, 4 y 23), donde la comunidad es resultado de ese Reino de Dios manifestado en el llamado y Ministerio de Jesús (4:17-25). Cabe destacar que ese reinado origina prácticas y relaciones muy distintas a las que caracterizan el mundo romano.[82]

Este discurso, de carácter eclesiástico, puede alterar nuestra lógica ya que resulta difícil descubrir la estructura de este texto montado con trozos recogidos por el autor a través de diversos lugares de sus fuentes.[83] Estudiamos en este estudio al más breve de los discursos del evangelio según Mateo el cual, a diferencia de los que hemos visto, comienza de manera casi

---

[82] Carter, *Mateo y las márgenes: Una lectura sociopolítica y religiosa*, 523.
[83] P. Le Poittevin y Etienne Charpentier, *El evangelio según San Mateo*, CB. No. 2 (Navarra, España: Editorial Verbo Divino, 1993), 53.

imperceptible con un diálogo con los discípulos (v.1-4), luego es ampliado con aclaraciones adicionales de Jesús a su discurso. Según visto en los discursos de los capítulos 5-7, 10 y 13, este discurso carece de una introducción. De hecho, tampoco presenta una clara conexión en la composición con el relato que lo engloba. También, a diferencia del primer discurso eclesiológico del capítulo 10, en el cual se hacía un encargo misional, este segundo discurso eclesiológico trata de la solidaridad en comunidad y de la salvaguarda de la comunión.[84] Con este discurso, se abre una gran enseñanza sobre la iglesia como familia. Su inicio se centra en los/as niños/as (Mt. 18:1-4), para luego enfocarse en los/as pequeños/as o los/as perdidos/as o "descarriados" (Mt. 18:5-15) y culmina en la exigencia de perdonarse unos/as a otros/as (Mt. 18:15-35). Este discurso de Jesús recoge, o más bien instituye, algunos temas centrales de la vida de la iglesia.[85]

Tomando en cuenta una división del discurso en dos partes principales, Mateo agrupa materiales bajo los temas de grandeza, humildad y reconciliación para instruir a su iglesia en asuntos de interés pastoral y de la vida en comunidad. Las dos partes principales serían: sobre la grandeza y la humildad (Mt. 18:1-14) y sobre la amonestación y la reconciliación (Mt. 18: 15-35). A su vez, cada una de estas partes se compone de tres unidades más pequeñas y culmina cada una de éstas con una parábola.[86] Para propósitos de este estudio, estaremos trabajando sobre la primera parte, en la unidad de la parábola de la oveja perdida (Mt. 18:10-14).

---

[84] Ulrich Luz, *El Evangelio según San Mateo: Mt 18-25*, trad. Manuel Olasagasti Gaztelumendi, vol. III (Salamanca, España: Ediciones Sígueme, 2012), 21-25.
[85] Pikaza Ibarrondo, *Evangelio de Mateo: De Jesús a la iglesia*, 629.
[86] Cortés-Fuentes, *Mateo*, 117.

La parábola de la oveja perdida puede tratarse de material que proviene del Q, ya que vemos también el relato en el evangelio según Lucas (Lc. 15:4-7), como es usual en Mateo, introduciendo en ella algunas variantes significativas, que nos permiten profundizar en el tema. No se trata aquí de una oveja simplemente perdida como relata la versión según Lucas. En Mateo vemos una oveja errante, pues se aleja del rebaño donde siguen las otras noventa y nueve, y de esa forma pierde su rumbo.[87] Los versículos que marcan el inicio y el final de esta (10 y 14) nos relatan sobre "uno de esos pequeños" así como "del Padre del cielo" y sobre esas dos expresiones surge un enlace de la sección con su contexto según los versículos 6, 19 y 35 de este capítulo.

La propia parábola, según redactada aquí, no se trata de un episodio narrado como en el evangelio según Lucas, sino de un relato argumentativo. De esta manera, tenemos un diálogo del autor con sus lectores/as implícitos/as, cuya aprobación solicita. Notemos, además, que tras la afirmación solemne del v. 13, nos sorprende su aplicación en el v. 14 donde ya no se habla de la alegría del pastor, sino que parece apuntarnos más hacia la conducta de éste (según descrita en el v. 12) que a su alegría.[88] Vemos aquí un especial interés del evangelista hacia la unidad y el cuidado mutuo de los/as miembros. Tanto el v. 10 como el v. 14 nos conectan con Mt. 18:6 donde los pequeños son creyentes en Cristo. Así que podemos entender que la parábola tiene la intención de advertirnos contra quienes desprecian a los/as creyentes en Cristo. Vemos así, el tema de la parábola destacando el interés de Dios por el bienestar de la

---

[87] Pikaza Ibarrondo, *Evangelio de Mateo: De Jesús a la iglesia*, 640.
[88] Luz, *El Evangelio según San Mateo: Mt 18-25*, III:46.

comunidad, así como su unidad y perseverancia. Hay un fundamento teológico dentro de la exhortación a no menospreciar a uno de los pequeños y es que Dios no quiere que éstos se pierdan.[89]

Ciertamente hay un motivo eclesial enraizado en la historia bíblica, el cual habla de Dios como pastor de las ovejas de Israel. Cabe destacar que Jesús no viene a buscar simplemente a la perdida, sino a la que va errante y que se extravía porque ella misma lo ha querido. Este pasaje alude según eso a un/a miembro de la iglesia que pierde su rumbo, y no mantiene la buena orientación, de manera que el Cristo ha de venir a buscarla y rescatarla. Contamos aquí con un pastor que no busca simplemente ovejas extrañas para formar así un rebaño propio, sino uno que tiene la delicadeza y el detalle de preocuparse por una oveja errante de su propio rebaño. Resulta esperanzador el hecho que se alegra al encontrarla y no busca entablarle un juicio, sino ofrecerle un camino de salvación. Nótese que ese pastor ha permitido que algunas ovejas se extravíen o se dejen engañar. Desde esa óptica, se vinculan dos rasgos o elementos importantes: a) La libertad de las ovejas, que pueden marcharse y trazar sus propios caminos; b) El cuidado del pastor que busca a las errantes, no para castigarlas ni obligarlas a volver, sino para ofrecerles de nuevo un espacio de vida.[90]

Aunque el texto no aclara específicamente quiénes son "los pequeños",[91] esos/as por quienes Jesús muestra semejante preocupación, una lectura cuidadosa del pasaje nos permite ver que indudablemente se trata de aquellos/as de quienes nadie se

---

[89] Cortés-Fuentes, *Mateo*, 118-19.

[90] Pikaza Ibarrondo, *Evangelio de Mateo: De Jesús a la iglesia*, 640-42.

[91] En la discusión del quinto discurso retomamos este término con sus debidas implicaciones.

ocupa y que por tanto andan perdidos/as. Esa oveja perdida, el pastor se ocupa de ella no necesariamente porque sea distinta a las demás, sino porque necesita atención especial. Esta parábola muy bien tiene aplicaciones institucionales, pues en su mayoría las instituciones mundanas tienen éxito en tanto se ocupan de la mayoría. Ninguna iglesia puede darse el lujo de seguir esa norma como una práctica regular, pues las 99 ovejas no extraviadas, provocarían una revolución al sentirse abandonadas.[92] Al final, pierdes las 100 y por consecuencia, fallaste a la misión por no acuñar la enseñanza de Jesús.

Pensemos por un momento en una congregación reunida. Se trata de un grupo de personas, conscientes de las dificultades y desafíos de vivir como discípulos de Jesús, escuchando con atención las palabras del Maestro sobre la vida en comunidad. Así podríamos entender este, el cuarto de sus cinco discursos principales. Este discurso, centrado en la vida eclesiástica, se diferencia de los anteriores al destacar la importancia de relaciones marcadas por la grandeza, la humildad y la reconciliación. Así es como su mensaje se adentra en la esencia de la comunidad cristiana y su llamado a la solidaridad.

Encontramos en este discurso un diálogo sutil entre Jesús y sus discípulos, presentando la instrucción como un eco del llamado al servicio y la compasión. Aquí, Mateo nos lleva a un territorio eclesiástico, explorando la dinámica de la comunidad como una extensión visible del Reino de Dios manifestado en el ministerio de Jesús. A pesar de la aparente falta de estructura clara, este discurso se sumerge en la temática de la iglesia como familia, comenzando con la atención a la niñez y extendiéndose

---

[92] Brown, *Introducción al Nuevo Testamento: 1. Cuestiones preliminares, evangelios y obras conexas*, 272.

a los pequeños/as y descarriados/as.

La parábola de la oveja perdida, aunque tomada de las enseñanzas de Jesús registradas por Lucas, se presenta enriquecida con matices únicos de Mateo. Visualicemos esta historia no solo como un relato narrativo, sino como un diálogo reflexivo entre el autor y sus lectores. La figura del pastor que busca y se preocupa por la oveja errante se convierte en un símbolo de la unidad y el cuidado dentro de la comunidad.

El pastor no busca castigar, sino ofrecer un camino de salvación, recordándonos la importancia de la libertad de las ovejas para trazar sus caminos y, al mismo tiempo, la responsabilidad del pastor de buscar a los que se han extraviado. Aquí, en la comunidad, vemos reflejada la preocupación de Dios por cada miembro, especialmente aquellos que podrían sentirse descuidados.

En el contexto actual, esta ilustración nos desafía a mirar más allá de la superficialidad, a cuidar de a quienes podrían sentirse perdidos/as o ignorados/as. Nos llama a ser una comunidad que refleje la unidad, el cuidado y la compasión de un pastor amoroso. La misión de la iglesia hoy es abrazar y rescatar a quienes han perdido su camino en medio de los desafíos de la vida en comunidad.

7

QUINTO DISCURSO: EL DISCURSO ESCATOLÓGICO (MATEO 24 – 25)

El quinto gran discurso de Jesús se conoce como el Discurso Escatológico por la naturaleza de su contenido.[93] No obstante, también ha sido llamado como: El Sermón Profético de Jesús; Discurso sobre las últimas cosas; El Discurso de los Olivos; y el Discurso Apocalíptico. No importa su nombre, al final en su contenido hallamos referencias al fin del mundo "con ropaje apocalíptico".[94] Independientemente de cómo se le conozca, esta narración a mi juicio resume y aplica el contenido de los primeros cuatro discursos. De hecho, cabe destacar que se trata del discurso más extenso de los que el Evangelio según Mateo atribuye a Jesús haber pronunciado.[95]

Es importante señalar que debemos acercarnos a este texto con muchísimo cuidado ya que los desafíos que se plantean en

---

[93] Existe un debate sobre el inicio de este discurso y algunos/as comentaristas bíblicos apuntan a que inicia en el capítulo 23. Aunque no estoy muy de acuerdo con esto, apunto el dato para que se tenga en consideración.

[94] Joseph A. Fitzmayer, *El Evangelio según Lucas* (Madrid, España: Ediciones Cristiandad, 2005), 213.

[95] William Hendriksen, *Comentario al Nuevo Testamento: El Evangelio según San Mateo* (Grand Rapids, Michigan: Libros Desafío, 2003), 888.

el mismo pueden tener un efecto multiplicador cuando se aborda desde preconcepciones erróneas y fuera de su contexto. Un ejemplo de esto es que cada ocasión en la que ocurre algún evento impactante a través del mundo (guerras, pandemias, desastres naturales, etc.), nos resulta común escuchar interpretaciones de profecías bíblicas con las que se intenta encajar las circunstancias con algún cumplimiento de estas. Precisamente Mt. 24 resulta muy tentador para quienes recurren a esta práctica, ya que son notables las referencias a guerras, enfermedades, hambrunas, terremotos, etc., las cuales se ajustan con mucha facilidad a cualquier crisis mundial. Adentrarnos de manera responsable a este último discurso, nos permite apreciar su contenido y usarlo para edificar a las vidas.

Al estudiar este discurso, veremos que Mateo ha de responder a ciertas preguntas que tienen los discípulos sobre las señales de la venida de Jesús (parousía) y cuándo será dicho evento. Ciertamente ya el evangelista ha abordado temas incluidos también en este discurso tales como: falsos profetas, persecución de los discípulos y la venida del Hijo del hombre. Sin embargo, esta es la primera ocasión en la que el tema de la venida se aborda de manera sistemática. La composición de este último discurso cuenta con material obtenido de Marcos 13:1-37, otro material compartido de Lucas 12:41-48; 19:11-27. Sin embargo, también contiene tradiciones conocidas solamente a través de Mateo, como por ejemplo la parábola de las diez vírgenes y el juicio de las naciones.[96] Precisamente en este capítulo estaré enfatizando más en el material propio de Mateo.

---

[96] Cortés-Fuentes, *Mateo*, 149.

En su libro, Cortés-Fuentes señala que este discurso puede dividirse en tres secciones principales:

1. Descripción de los eventos relacionados con la venida del Hijo del Hombre (Mt. 24:1-35).

    a. Introducción (Mt. 24:1-2).

    b. El principio de dolores (Mt. 24:3-8).

    c. La persecución (Mt. 24:9-14).

    d. La huida de Jerusalén (Mt. 24:15-22).

    e. Los falsos cristos y falsos profetas (Mt. 24:23-28).

    f. La venida (parousía) del Hijo del hombre (Mt. 24:29-35).

2. Serie de parábolas de exhortación a la vigilancia y fidelidad (Mt. 24:36 – 25:30).

    a. La imposibilidad de conocer el tiempo específico (Mt. 24:36-44).

    b. Tres parábolas sobre la vigilancia ante la tardanza (Mt. 24:45 – 25:30).

3. Una escena del juicio de las naciones (Mt. 25:31-46).

    a. Describe el destino de los pueblos conforme a su consideración de "estos mis hermanos más pequeños".[97]

Tal como señalara anteriormente, el contenido de la primera sección ha sido abordado en los discursos previos. Para propósitos de este capítulo, quiero prestar mayor atención a la

---

[97] Cortés-Fuentes, 149-50.

segunda y tercera sección. Resulta interesante cómo el evangelista aborda la inquietud sobre cuándo ha de ocurrir la venida del Hijo del hombre. Para atender dicha pregunta, y enfatizando la imposibilidad de conocer el tiempo específico, recurre a unas parábolas de carácter escatológico. Hay varias preguntas a abordar mientras se espera ese tiempo: ¿Qué hacer en el tiempo entre la proclamación de Jesús y la parousía? ¿Cómo ocupar ese tiempo?[98]

Esas respuestas nos las ofrecen las parábolas escatológicas, dentro de las que podemos encontrar un marcado contraste entre una conducta adecuada y una conducta negligente. En la parábola de los dos siervos (Mt. 24:45-51), vemos cómo se hace una advertencia sobre la negligencia que puede surgir ante la tardanza de la parousía. En la parábola de las diez vírgenes (Mt. 25:1-13), vemos nuevamente el tema de la demora ante la tardanza del novio como demora de la parousía. Ante eso, Mateo exhorta a la comunidad a ser fieles como las cinco vírgenes prudentes quienes estuvieron preparadas para la llegada del novio. Esa prudencia tiene la recompensa de participar de las bodas, mientras que la insensatez de no estar preparados/as, redunda en la exclusión de los beneficios del Reino.

Por su parte la parábola de los talentos (Mt. 25:14-30), contrario a las interpretaciones que suelen darse en temas de mayordomía de los dones o hasta de diezmos y ofrendas, insiste en la necesidad de que permanezcamos fieles y preparados/as ante la inminente venida del Hijo del hombre. Esta parábola nos invita a la vigilancia y el trabajo continuo, así como la fiel administración de la gracia durante el tiempo que

---

[98] Cortés-Fuentes, 154.

esperamos la venida del Señor.[99]

Entramos a la tercera sección, la cual constituye la parte final del discurso y se le conoce como "El juicio de las naciones" (Mt. 25:31-46). Para tener una idea del juicio, en la teología mateana, la venida del Hijo del hombre será para juzgar a todos los pueblos. En la fuente Q, hallamos el motivo de ese juicio y ya sabemos que tanto Mateo como Lucas recurren a dicha fuente. Aunque Mateo recurre a Q para todos sus dichos sobre juicio, no debemos perder de perspectiva que el evangelista realiza una "modulación teológica decisiva".[100] Nótese que en las parábolas de juicio en Mateo encontramos temas comunes de su teología, por ejemplo: la separación definitiva en el juicio final de los/as buenos/as y malos/as, lo severo de ese juicio como estimulación para un buen comportamiento en el presente, así como el llamado a vivir una moralidad estricta con implicaciones de entrega, la cual ha de redundar en cumplir la voluntad de Dios y evitar la hipocresía.

Vemos que el texto en esta sección incorpora seis acciones descritas, las cuales se reiteran en cuatro ocasiones durante la narración. Estas seis obras las podemos agrupar en 3 pares, así lo testimonia el mismo texto: "¿Cuándo te vimos hambriento o sediento, o forastero o desnudo, o enfermo o en la cárcel y no te servimos?" (Mt. 25: 44).[101] Podemos destacar que tres de ellas se refieren a necesidades primordiales y el Padre del cielo es asegurador de estas. En cuanto al vestido, Mateo lo presenta en la perícopa sobre la providencia como una necesidad básica,

---

[99] Cortés-Fuentes, 154-57.
[100] Ulrich Luz, *El Evangelio según San Mateo Mt 18-25*, trad. Manuel Olasagasti Gaztelumendi, vol. III (Salamanca, España: Ediciones Sígueme, 2003), 698-99.
[101] Xabier Pikaza Ibarrondo, *Hermanos de Jesús y servidores de los más pequeños: Mt 25, 31-46*, vol. 46, Biblioteca de Estudios Bíblicos (Salamanca, España: Ediciones Sígueme, 1984), 204.

al nivel del alimento y la bebida (Mt. 6:31). Sobre el trato con los forasteros o extraños, en el evangelio se puede evidenciar una apertura que se ejemplifica en la misión de Jesús y sus discípulos. Con relación al tema de la prisión, el evangelista menciona la cárcel como una posible consecuencia de diversas situaciones en las que, por sus caprichos, alguien puede ser conducido al presidio puesto que no dar lugar al perdón hace inevitable la prisión. Encontramos aquí que también hay una mención de que los profetas o el mismo Rey Mesías padecieron la cárcel mediante injusticias. Finalmente, sobre los enfermos, se refiere a que por causa de diversos males son recibidos por Jesús y hasta buscados y visitados por Él mismo para que recuperen su salud. Además, envía a sus discípulos a visitar enfermos y a sanar toda enfermedad. Nótese que todas esas situaciones o envíos fueron realizados en diversas instancias durante los capítulos anteriores del evangelio.

Resulta necesario destacar que la referencia a la realización o no de esas seis acciones ha de repetirse en dos ocasiones para cada caso. O sea, algunos son puestos a la derecha por haber realizado esas seis obras. Cabe notar aquí que ellos mismos preguntan al rey ¿en qué momento hicieron esas obras con él? Esa misma acción ocurre con quienes fueron puestos a la izquierda. Es importante destacar que tal repetición, se representa junto con la afirmación de que el rey está presente en "los más pequeños", sean éstos o no auxiliados. El reclamo a las naciones que hace el rey sobre tales acciones, podemos ubicarlo en la misma representación teológica que las afirmaciones mateanas de "los frutos". Es posible inferir que para Mateo lo definitivo no es escuchar la Palabra, sino cumplirla. A manera de ejemplo, puedo señalar que el "vestido de boda" remite también a los frutos, mientras que también el "aceite de la lámpara", así como la "ganancia" obtenida con los talentos repartidos representan el asunto clave en el momento del juicio. Por eso, en esta sección, Mateo recapitula en un juicio escatológico universal un interrogatorio en el cual se deberá rendir cuentas por las acciones u omisiones.

Hay un debate interesante a considerar cuando hace referencia a "los pequeños". Cuando nos referimos a la historia de la interpretación del texto, encontramos que es una cuestión muy debatida el referirse a la identidad de los pequeños. Hay quienes entienden que se trata de cualquier marginado/a, es decir realizan una lectura con una "visión universalista", el llamado a socorrer a todos/as los/as necesitados/as de cualquier condición o situación.[102] De otro lado, hay quienes desarrollan una lectura a partir de la aclaración que realiza el rey en el pasaje sobre que cada gesto realizado fue hecho "a uno de estos mis hermanos más pequeños" (Mt. 25:40 y 25:45). En esa lectura, se ve a los miembros más frágiles de la comunidad cristiana y por ende proponen una "visión comunitaria".[103] De hecho, hay dos instancias en el propio texto que invitan a entender alguna de estas posturas. De un lado, cuando se habla de "uno de estos mis hermanos más pequeños", el término griego para "uno" (*henì*) no muestra la unidad numérica, sino que tiene el sentido de "uno cualquiera".[104]

Ahora bien, ya hemos visto que "mis hermanos" y

---

[102] Antonio Rodríguez Carmona, *Evangelio de Mateo*, 2da ed., Comentarios a la Nueva Biblia de Jerusalén (Bilbao, España: Desclée Brouwer, 2006), 216; Massimo Grilli y Langner Cordula, *Comentario al Evangelio de Mateo*, vol. 5, Evangelio y Cultura (Navarra, España: Editorial Verbo Divino, 2011), 666; Pikaza Ibarrondo, *Hermanos de Jesús y servidores de los más pequeños: Mt 25, 31-46*, 46:316.

[103] Carter, *Mateo y las márgenes: Una lectura sociopolítica y religiosa*, 697; Luz, *El Evangelio según San Mateo Mt 18-25*, III:661-70.

[104] Pikaza Ibarrondo, *Hermanos de Jesús y servidores de los más pequeños: Mt 25, 31-46*, 46:304-5.

"pequeños" apunta más claramente a los miembros de la comunidad de Jesús. Sin embargo, es interesante notar que, cuando el texto se refiere a los "malditos" (Mt. 25:41) que no se han solidarizado con los/as necesitados/as, Jesús ya no se refiere a estos últimos como "mis hermanos más pequeños" (Mt. 25:40), sino que simplemente se refiere a "los más pequeños". Puedo entender aquí que de manera literal Jesús dice que "cuanto no hicisteis a uno (o sea, cualquiera) de estos más pequeños, tampoco me lo hicisteis a mi" (Mt. 25:45). Se puede percibir en el texto una tendencia a la universalización de términos que originalmente se refería a los miembros de la comunidad de Jesús. Esta universalización no es incoherente con ciertas afirmaciones recogidas en el evangelio según Mateo, en otros de los discursos que ya hemos visto.

Más allá de todo lo analizado y de lo que pudiésemos seguir analizando sobre este último gran discurso, resulta de vital importancia que, a pesar de su contenido apocalíptico, no debemos considerar su contenido como una especie de itinerario que anuncie la llegada del Hijo del hombre. Nótese que precisamente el discurso nos señala que primeramente nadie sabe el día ni la hora y constantemente nos recuerda lo incierto y sorpresivo que será. Más bien nos exhorta a estar vigilantes y preparados/as. Cortés-Fuentes destaca que:

> [...] es un discurso dirigido a la iglesia contemporánea. Es una invitación a la vigilancia escatológica. El hecho de no poder determinar el día ni la hora de la venida del Hijo del hombre no significa que la iglesia pueda darse el lujo de descuidar la práctica de su responsabilidad ética y su misión en el mundo. Al contrario, la iglesia está llamada a estar preparada en todo tiempo, a trabajar como si su Señor se tardara en venir [...] La vigilancia continua debe ir acompañada de la diligencia en el trabajo.[105]

---

[105] Cortés-Fuentes, *Mateo*, 162.

Sin dudas el mensaje de este discurso no se limita a la comunidad cristiana, sino que hace extensivo el mismo a todas las naciones. Conscientes de esto, no podemos olvidar nuestra responsabilidad como comunidad de fe en primera instancia. Me parece interesante cuando Cortés-Fuentes señala que:

> Si bien es cierto que las naciones serán llamadas a dar cuenta de su trato con los miembros vulnerables de la comunidad de fe, la conclusión del discurso también sirve para exhortar a la iglesia a predicar con su ejemplo. Si los demás son juzgados en su ignorancia de la presencia de Cristo en 'estos mis hermanos más pequeños', la comunidad de fe que olvida el cuidado de los más necesitados en su medio no debe vivir segura. Por otra parte, este pasaje bien puede convertirse en una invitación para mostrar, con el ejemplo, el impacto del mensaje del evangelio en la construcción de una sociedad más justa en la que todos tengan alimento, agua, vestimenta, vivienda, salud y libertad.[106]

Sumergirnos a través del quinto gran discurso de Jesús nos permite comprenderlo mejor y hasta podríamos terminar llamándolo el "Discurso de la Esperanza". Es preciso que tengamos presente que no es solo sobre el fin del mundo, sino una guía para vivir en un mundo que espera la restauración final. Por ejemplo, si nos enfocamos en las parábolas de las diez vírgenes y los talentos, podemos vernos como los personajes de estas historias, llevando lámparas llenas de aceite y administrando talentos dados por Jesús. La idea es clara: estar preparados/as, ser fieles y vivir con un propósito mientras esperan la llegada del Rey.

Por otro lado, la parte del juicio de las naciones, describe un escenario donde se encuentran frente a Jesús, quien destaca la importancia de cuidar a los más vulnerables. Les pide que visualicen escenas de ayudar a los hambrientos, dar agua al

---

[106] Cortés-Fuentes, 162.

sediento, acoger al forastero, vestir al desnudo, visitar al enfermo y consolar al encarcelado.

Para ilustrar la tensión entre lo universal y lo comunitario, es necesario plantearnos la pregunta crucial de quiénes son "los pequeños". Pensemos en una red de solidaridad, donde cada acto de compasión hacia los más pequeños, dentro o fuera de la comunidad, genera ondas de impacto en la red, abarcando a toda la humanidad. Este discurso nos invita a una reflexión personal y comunitaria. Detengámonos a reflexionar en la manera cómo estamos llevando nuestras lámparas y administrando los talentos en este viaje llamado vida. ¿Están listos para la llegada del Rey? ¿Están extendiendo la red de solidaridad más allá de sus límites?

Concluyo resaltando que este discurso no es un calendario detallado de eventos futuros, sino un llamado urgente a vivir con propósito y compasión en el presente. La esperanza, en lugar de la ansiedad, debería llenar sus corazones mientras esperan, y el amor debería ser la brújula en su viaje hacia el encuentro con el Rey. La iglesia, como comunidad de fe, tiene la responsabilidad de ser una luz que brilla en la oscuridad y una fuerza transformadora en un mundo sediento de esperanza y amor. Nos corresponde estar conscientes de nuestra responsabilidad como comunidad de fe, reconociendo que el impacto del evangelio se manifiesta en la construcción de una sociedad justa y solidaria.

8

LA JUSTICIA COMO PRINCIPIO FUNDAMENTAL DEL REINO

Para comenzar a hablar sobre el tema de la justicia como principio fundamental del Reino, debemos tener presente que la justicia no es un tema exclusivo de quienes profesamos la fe cristiana. Por lo tanto, antes de sumergirnos al diálogo teológico del tema, dejemos claro que tanto las ideas de justicia, humildad y equidad no son aplicadas exclusivamente al ámbito religioso. De hecho, toda persona que viva bajo esas ideas está aportando su granito de arena en la formación de una mejor sociedad. Sea en el ámbito religioso o secular, la justicia deberá proteger a cualquier persona que sufra de opresión. Por supuesto, para quienes profesamos la fe cristiana reconocemos que la justicia es un regalo de Dios que provoca una armonía en las relaciones humanas y de la humanidad con el resto de la creación.

La justicia, desde una perspectiva general, debería ser un asunto fundamental a la experiencia de fe y la ética cristiana. Es ese ejercicio de la justicia lo que nos permite la realización plena de nuestra vocación humana, a la luz de los testimonios consignados en la Biblia. Es a través de esos mismos testimonios que encontramos un constante llamado a realizar la justicia como depósito de Dios en la historia y en favor de la humanidad. A lo largo del Nuevo Testamento, Jesús se presenta como ejemplo del humano perfecto, justificando a la humanidad en la medida que nos hacemos partícipes y conscientes de su proyecto. Siguiendo su ejemplo, abrazamos al amor como fórmula de vida, la cual genera nuevas relaciones con Dios y con los demás seres humanos. De hecho, en esta misma línea señala Pierre Debergé que:

> [...] viene a ofrecer a cada uno, y en primer lugar a los excluidos y a los pecadores, una relación nueva con Dios, su Padre, nuestro Padre. No se trata de otra cosa que de la Buena Nueva: cómo el amor de Dios, vivido por Jesús hasta el final, se nos ofrece para transformar todas nuestras relaciones con él y entre nosotros.[107]

Cuando reconocemos a Jesús como el referente de nuestra vida, es posible que en cualquier momento y en las dinámicas constantes del diario vivir, como creyentes nos enfoquemos en buscar el Reino de Dios y su justicia como nuestra vocación humana. Debemos tener presente que la justicia viene a dar libertad a quienes viven bajo la opresión. En este sentido, el asunto de la búsqueda de lo justo para nosotros/as como creyentes no puede limitarse a lo meramente sistemático desde el ámbito legal, sino que nuestros esfuerzos deben ir dirigidos hacia una justicia mayor. Se trata de esa justicia que emana del encuentro con Dios mismo. Esa justicia que nos ha dado libertad y que se nos ha comisionado a compartir a través de todas las naciones, en su Nombre. Esa hambre y sed de justicia se refleja en la justicia social y que se manifiesta como indicativo de la experiencia de fe, lugar de encuentro y en la tarea ineludible de la búsqueda de la verdad que solamente es posible mediante obras de justicia. Es necesario comprender la justicia social como el fruto de una verdadera cercanía con Dios, la cual debe generar en cada creyente la capacidad de

---

[107] Pierre Debergé, *La justicia en el Nuevo Testamento* (Navarra, España: Editorial Verbo Divino, 2003), 4.

discernimiento, sobre su vida y la de los/as demás. Es ahí cuando podemos desenmascarar todas aquellas realidades sociales de explotación y marginación que no van de acuerdo con la inminente llegada del Reino de Dios ni con las enseñanzas de Cristo.

La justicia, entendida como una manifestación del corazón de Dios y de la actividad misionera de Jesús, ha sido también el tema de reflexión en diferentes sectores académicos. También se constituye en el grito de las personas que han sido marginadas y explotadas por diferentes motivos alrededor del mundo y a lo largo de la historia de la humanidad. Si queremos estudiar el tema de la justicia y sus implicaciones en la libertad, resulta necesario hacer un recorrido por diferentes áreas de interés académico, como un ejercicio para internalizar que la justicia no puede ser obviada de ninguna manera y mucho menos en términos cristianos.

En el campo de la filosofía la justicia tiene varios sentidos. Por un lado, el pensamiento griego anterior a Sócrates la enmarcaba en el ámbito del orden o la medida "el que cada cosa ocupe su lugar en el universo es justo".[108] Según esto, todo aquello que rompa el orden o genere un exceso, cae en el campo de lo injusto, por lo que resulta necesario corregir y castigar. A esta justicia se le nombra "cósmica" ya que trata precisamente de hacer que el cosmos entero, incluido el ser humano, permanezca en un constante equilibrio. Si la llevamos al aspecto social humano, es posible entender que "dado un orden social aceptado, cualquier alteración del mismo es injusta".[109]

---

[108] José Ferrater Mora, *Diccionario de filosofía*, ed. Joseph-María Terricabras, vol. II, Círculo de Lectores (Barcelona, España: Ariel Referencia, 1994), 1979.
[109] Ferrater Mora, II:1980.

Por su parte, los sofistas abordaron la justicia de dos maneras: una que es por naturaleza y la otra que es por acuerdo, con una notable inclinación por la segunda "esto es, que algo es justo cuando se acuerda que es justo e injusto cuando se acuerda que es injusto".[110] Entender la justicia de esta manera, no se relacionaba necesariamente con la idea de felicidad, ya que podía estar presente siendo infeliz o feliz. Platón, en cambio, era partidario de que la justicia llevaba a la felicidad y la reconocía como una virtud "en una sociedad justa hay justicia para todos. Si la sociedad justa es una sociedad feliz, entonces todos los miembros de la sociedad serán justos y felices".[111] Por otra parte, filósofos como Hobbes abordan el tema la justicia mediante un pensamiento en donde se reconoce una delegación del poder por parte de una comunidad en una persona a la cual hay que obedecer, la que genera las leyes y que a su vez son consideradas como justas, "basada en el poder absoluto del soberano".[112]

En materia bíblica y teológica, el concepto de justicia es utilizado a través de la Biblia, con especial énfasis en las cartas paulinas. No obstante, encontramos a través del Antiguo Testamento muchas referencias en torno a la justicia, en las cuales más allá del alcance que pueda tener en cada uno de los momentos, siempre quien está en el centro es la persona misma. De hecho, hay dos términos en hebreo que, desde la perspectiva bíblica, nos trazan de manera general el concepto de la justicia en la comunidad humana. El primero es *sedeq* el cual aplicado de manera individual a "una persona justa" (*sadik*) significa ser íntegro, honrado, recto; aplicado de forma

---

[110] Ferrater Mora, II:1980.
[111] Ferrater Mora, II:1980.
[112] Ferrater Mora, II:1981.

comunitaria significa salvación, liberación, equidad social.[113] El segundo término es *mishpat* y se emplea con frecuencia al ámbito político y jurídico, resultando en su significado en el sentido de gobierno justo, derecho, causa jurídica, normas y leyes justas.[114] Ambos términos se encuentran con frecuencia juntos o con una relación estrecha, lo que permite entenderlos como complementarios o con implicaciones mutuas. Entendemos que este concepto de justicia, según empleado en el Antiguo Testamento, se refiere al término *shalom*, el cual suele usarse con un sentido amplio de paz, bienestar, buen vivir, prosperidad, seguridad, salvación.[115] En este sentido, el *shalom* es la paz que surge de la justicia, por lo que podemos concluir que no puede haber paz si no hay justicia. Todos estos términos, según empleados y según su significado, hacen presente el concepto de la justicia, el cual desde esta perspectiva bíblica acarrea un enfoque fundamentalmente ético divorciado de especulaciones teóricas y exigencias religiosas.

Por su parte, en el Nuevo Testamento vemos que el alcance de la justicia pertenece a Dios, quien ha sido revelado en Jesucristo, y va liberando a la humanidad. No podemos perder de perspectiva que los seres humanos somos creados a imagen y semejanza de Dios, por lo que ser justos/as debe resultarnos familiar y dársenos de manera natural, pues Dios siente compasión con los/as necesitados/as. No solo eso, se acerca a ellos/as y les acoge con prontitud y amor, reconociéndoles con dignidad porque ellos/as son los/as bienaventurados/as (Mt. 5:2-11; 25:40). Por lo tanto, veremos que hacer la justicia es

---

[113] Luis Alonso Schökel, *Diccionario Bíblico Hebreo-Español* (Madrid, España: Editorial Trotta, 1994), 631-33.
[114] Schökel, 466-68.
[115] Schökel, 764.

una de las tareas y cualidades por excelencia de cualquier seguidor/a de Cristo. Es ahí donde opera el modo como Dios se manifiesta en la humanidad de manera perceptible. Es a través de las fuerzas humanas que Dios va adelantando su proyecto, su plan de salvación.

Antes de continuar con el tema dentro del evangelio según Mateo, me parece importante ir un poco dentro de la historia de la iglesia sobre el asunto de la justicia y el alcance social que como creyentes debemos procurar. Para ello, consideremos a la figura de Martín Lutero ya que muchas veces, como cristianos/as protestantes abordamos a Lutero desde su doctrina de la justificación solo por fe o se le reconoce por sus protestas contra ciertas prácticas católicas de sus días. De ahí que surge la Reforma Protestante y nos resulta muy común destacar su impacto en el pensamiento evangélico actual, resumido en las cinco solas, como aspectos doctrinales centrales de la Reforma sobre la salvación y la autoridad de las Escrituras. Es bueno que siempre tengamos eso presente, sin embargo, debemos destacar que Lutero escribió sobre muchos más temas que no son tan discutidos y estudiados en círculos evangélicos. Uno de ellos es la ética social, la cual es tema central de las teologías latinoamericanas y que va muy ligado con el asunto de la justicia y la libertad.

Precisamente la ética social de Lutero se desprende de su doctrina de la justificación por fe. Para Lutero, el hecho de que cualquier persona sea justificada igualmente delante de Dios implica que todas las vocaciones son maneras igualmente legítimas de responder a los mandamientos de Dios en nuestras vidas.[116] Además, la justificación es la base para las buenas

---

[116] Paul Althaus, *The Ethics of Martin Luther*, trad. Robert C. Schultz (Philadelphia, Pennsylvania: Fortress Press, 1972), 10.

obras, puesto que la fe verdadera que justifica siempre produce obras de servicio al prójimo.[117] Su pensamiento de ética social, también se desprende de su concepto de los dos reinos, un intento por abordar la pregunta sobre cómo tomar con toda seriedad las exigencias radicales del Sermón del Monte así como pasajes como Romanos 13 y 1 Pedro 2:13-14; pasajes que Lutero interpretaba como afirmaciones del valor positivo del gobierno civil.[118] Los puntos esenciales sobre su enseñanza de los dos reinos podemos visualizarlos en el libro "Autoridad temporal: hasta qué punto se debe obedecer". En dicho libro, escrito en el año 1523, Lutero hizo un marcado contraste entre los dos reinos: uno es el ámbito de los creyentes y Dios, otro de los no creyentes y la maldad. Distinguió entonces esta dicotomía de lo que llamó los "dos gobiernos".[119] Mientras que el gobierno secular castigaba la maldad, "el gobierno de Cristo por medio del perdón de los pecados llega a los hombres por el cristianismo en la palabra predicada, los sacramentos y la consolación fraternal".[120]

En los años posteriores a 1523, Lutero empezó a tener una perspectiva menos negativa del reino terrenal, donde empleaba "reino" y "gobierno" como sinónimos y "empezó a hablar del gobierno secular en un sentido más amplio, incluyendo asuntos como el matrimonio y la propiedad".[121] Ya, entonces, el concepto de Lutero sobre dos reinos no se trataba de un contraste entre Dios y el diablo, sino de una diferencia entre dos modos positivos en los que Dios se relaciona con el mundo. Por esto, para Lutero es puntual distinguir siempre

---

[117] Althaus, 15.
[118] Althaus, 44.
[119] Althaus, 49.
[120] Althaus, 46.
[121] Althaus, 50-52.

entre el reino terrenal y el reino espiritual; ya que el reino terrenal no es algo fuera del señorío de Cristo, pero tampoco se trata de la manera en que el Reino de Dios se establece. David C. Steinmetz resume esta teoría política de Lutero de la siguiente manera:

> Las metas de Lutero, creo, son claras. Lutero quería establecer (1) que la ética cristiana, aunque no toda la moralidad humana, se basa en la justificación por la sola fe; (2) que todos los cristianos tienen una responsabilidad cívica y social para cumplir y que algunos cristianos pueden cumplir ese deber asumiendo un oficio público en el Estado; (3) que el Sermón del Monte no es meramente una ética monástica o una ética para el futuro Reino de Dios sino que aplica a la vida de cada cristiano, aunque sus requisitos morales no sean aplicables a cada decisión que los cristianos deben hacer como personas públicas; (4) que el Estado ha sido establecido por Dios para lograr fines deseados por Dios que la iglesia no puede y no debe intentar lograr, y (5) que Dios, que gobierna la iglesia por el evangelio, gobierna este mundo desordenado por los instrumentos disponibles al Estado—a saber, la razón humana, sabiduría, ley natural y la aplicación de la coerción violenta.[122]

En cuanto al asunto del reino terrenal, Lutero desarrolla el concepto clave de la doctrina de los tres estados, la cual es la clave más importante para comprender cómo Lutero considera que el Sermón del Monte aplica a nuestras vidas. También Lutero habla de cómo se debe entender la prohibición de Jesús de las represalias en Mt. 5:38-40 sin hacerlo un mero "consejo evangélico" para los monjes "super espirituales". Como cristianos/as, no necesitamos castigar a nuestros enemigos, pero nuestro prójimo nos necesita para mantener el mal bajo control. Entonces, no actuar para proteger a nuestro prójimo "sería no actuar como un cristiano sino aun en contra del

---

[122] David C. Steinmetz, *Luther in Context* (Bloomington, IN: Indiana University Press, 1986), 93.

amor". Para Lutero, no hay nada de malo en participar en el gobierno, porque: "Si es la obra y creación de Dios, entonces es buena, tan buena que todos pueden usarla en una manera cristiana y beneficiosa".[123]

A través de todo este pensamiento de Lutero, estamos en posición de comprender por qué él interpretaba el Sermón del Monte en una manera de rechazo de posturas las cuales enseñaban que el Sermón del Monte solo aplicaba a los que querían ser perfectos/as, llamando los mandamientos de Jesús allí "consejos evangélicos". En esa lectura, el Sermón del Monte no sería obligatorio para todos/as los/as cristianos/as, porque contiene consejos, no mandamientos. Lutero rechazaba esto, diciendo que así era como el diablo obraba en el papado para "suprimir las buenas obras por completo".[124] Por lo tanto, reducir el Sermón del Monte a meros consejos contradice abiertamente Mt. 5:18-19 donde se nos advierte que ninguna de las leyes de Dios pierde su vigencia hasta que todo se haya cumplido.[125]

Si tenemos presente que tanto en el Sermón del Monte como en los demás discursos de Jesús se nos mandata a procurar la justicia, debemos resaltar que en el evangelio según Mateo podemos identificar el concepto de la justicia como un motivo teológico central en su redacción. No solamente ha sido redactado por el evangelista en múltiples pasajes, sino que interpreta el camino de Jesús como el "camino de la justicia" (Mt. 21:32) anunciado ya por Juan el Bautista, quien preparaba

---

[123] Martín Lutero, «Temporal Authority: To What Extent It Should Be Obeyed», en *Martin Luther's Basic Theological Writings*, ed. Timothy F. Lull y William R. Russell, 2nd ed. (Minneapolis, Minnesota, 2005), 434-41.

[124] Martín Lutero, *Mateo: Sermón del Monte y el Magníficat*, trad. Rosa Roger Moreno, vol. 7, Comentarios de Martín Lutero (Barcelona, España: CLIE, 2021), 22-23.

[125] Lutero, 7:95-96.

el "camino del Señor" (Mt. 3:3 y también Mt. 11:10) y lo representaba en el llamado a volverse a Dios. El "camino de justicia" se convierte así en la expresión de la justicia que Dios exige a la humanidad.[126]

En el evangelio según Mateo, la justicia se presenta como el programa de Jesús, pues incluso desde antes de su bautismo, su misión va en la dirección de la justicia que hay que cumplir (Mt. 3:15). La justicia es la voluntad de Dios y es eso precisamente lo que Jesús comienza a realizar de palabra y obra durante du vida y Ministerio. Es por esto por lo que destaco el hecho de que, en Mateo, la justicia se entiende como la manifestación del cumplimiento de la voluntad de Dios. O sea, hacer justicia es hacer la voluntad de Dios. Esta voluntad de Dios se entiende, por un lado, como la expresión de la salvación de Dios, de la que los seres humanos "tienen hambre y sed" (Mt. 5:6); y por otro –muy de acuerdo con el pensamiento veterotestamentario y judío– como una exigencia de Dios a la humanidad, una condición de la salvación que ellos/as mismos/as también deben realizar (Mt. 5:20). De hecho, es interesante notar la presencia de la comprensión veterotestamentaria según la cual Dios ha de hacer valer el derecho de los/as oprimidos/as (Sal. 146:7; Is. 61:11). Los/as "pobres" (Mt. 5:3), "los/as que tienen hambre y sed de justicia" (Mt. 5:6), pueden tener la certeza de que sus derechos no van a quedar olvidados bajo la injusticia sufrida. Dios, al enviar su Hijo, ha comenzado a hacer valer los derechos de los/as oprimidos/as y marginados/as de la sociedad.[127]

---

[126] Karl Kertelge, «διχαιοσύνη (dikaiosynē)», en *Diccionario Exegético del Nuevo Testamento*, ed. Horst Balz y Gerhard Schneider, trad. Constantino Ruiz-Garrido, 3ra ed., vol. I, Biblioteca de Estudios Bíblicos (Salamanca, España: Ediciones Sígueme, 2005), 985-99.

[127] Kertelge, 985-99.

El mensaje de Jesús en Mateo constantemente aborda la inminente llegada del Reino de Dios y la preparación de los seres humanos para acogerlo. Ya al comienzo del Ministerio de Jesús, el evangelista lo deja claro al describir el inicio de su actividad en Galilea, luego de su bautismo y haber sido resistido la tentación en el desierto. "Desde entonces comenzó Jesús a predicar, y a decir: Arrepentíos, porque el reino de los cielos se ha acercado" (Mt. 4:17). Vemos entonces que en toda actividad y mensaje de Jesús el tema del Reino se hace presente, especialmente en los cinco grandes discursos. De hecho, el Sermón del Monte, está centrado en el Reino de Dios. Del mismo modo en el segundo discurso, "El envío en Misión", encontramos el tema. Es luego de la elección de los doce discípulos, cuando Jesús les incita a predicar iniciando con proclamar que "[…] El Reino de los cielos se ha acercado […]" (Mt. 10:7). Vemos aquí que no solo el discurso de Jesús aborda el tema, sino que será tema central de la actividad misionera de los discípulos.

También a lo largo del tercer discurso, "el Sermón de las Parábolas", podemos encontrar la centralidad del tema, pues a través de las siete parábolas se explica la realidad del Reino. De hecho, se menciona en ocho ocasiones a través del pasaje. "El Sermón Eclesiológico", cuarto discurso, inicia con el debate sobre "¿quién es mayor en el reino de los cielos?" (Mt. 18:1b) junto con la respuesta de Jesús en la que señala la actitud requerida para entrar al Reino. También el último discurso, "Discurso Escatológico", habla de que la buena noticia del Reino será anunciada a todas las naciones, prometiendo el Reino a quienes obran con misericordia y sin indiferencia al sufrimiento del más necesitado.

Todas estas referencias al Reino son de suma importancia para el tema de la justicia que nos ocupa. Ya hemos establecido claramente que el tema de la justicia va ligado de cerca con la voluntad de Dios. A esta altura de la discusión, ya debemos tener claro de que Jesús, al cumplir todo lo que es justo ante Dios, está cumpliendo su voluntad. Es precisamente aquí donde se comprende la estrecha relación entre el Reino de Dios y la justicia, pues el Reino es la manifestación del gobierno de Dios entre la humanidad, o sea, la realización de su voluntad.

Podemos entender que la justicia, desde la perspectiva bíblica, se desarrolla por dos vías. La primera sería la humana, que le corresponde necesariamente al ser humano y que asumiría un carácter jurídico, entregando a cada uno/a lo debido y esforzándose por respetar la dignidad que cada persona tiene desde que inicia su existencia. La segunda, hace referencia precisamente a que el ser humano tiene la capacidad para una justicia mayor si se abre a la experiencia real del encuentro con lo divino. Esta justicia, por el contrario, presenta los rasgos de un regalo de virtud ilimitada ya que sale del corazón del mismo Dios.

9

LA IGLESIA Y SU REFLEJO FRENTE AL ESPEJO DE LOS CINCO GRANDES DISCURSOS DE JESÚS SEGÚN MATEO

Si nos miráramos ante el espejo de todo aquello que implica el contenido de los cinco grandes discursos de Jesús, deberíamos provocar una reflexión interna. Ese proceso no puede conducirnos a otro lugar que no sea a ver la iglesia como pueblo de Dios, la cual vive la justicia y procura la libertad. Ese espejo nos lo presenta el evangelio según Mateo, cuyo autor es el único de los evangelistas que emplea el término "iglesia" (Mt. 16:18; Mt.18:17). Su concepción sobre la iglesia es que constituye el nuevo pueblo de Dios o el "nuevo Israel". De hecho, Jesús escogió a doce apóstoles (Mt. 10:1), como una referencia que evoca a las doce tribus de Israel. Ahora bien, no olvidemos que los fariseos, se negaban a participar en esa comunidad, porque ésta se había abierto también a los gentiles y hasta se negaban a aceptar a Jesús como el Mesías prometido.

Nos hemos estado sumergiendo en el texto, trabajando en la búsqueda del sentido original del evangelio, para comprobar los orígenes de la iglesia. En esa búsqueda de cómo fue la iglesia de la que se habla en el evangelio según Mateo, corresponde mirarnos ante el propio evangelio tal como si se tratara de un espejo. En este ejercicio podemos plantearnos la pregunta sobre si en nuestros tiempos, existe la iglesia propuesta por el modelo eclesial presentado en el evangelio según Mateo. La realidad es que este evangelio hace una propuesta de aspectos ideales en la manera de ser iglesia y esto es una manera es señalar o dirigir nuestro proceder hacia ese modelo. Lo importante es estar, como iglesia, encaminándonos hacia ese proyecto de iglesia propuesto en Mateo.

Según empleado el término por el evangelista, claramente la iglesia no es una comunidad solamente compuesta por personas buenas y santas. Encontramos a través del evangelio que tanto el trigo como la cizaña deberán convivir hasta el juicio final (Mt. 13:24-30, 36-43), donde se les reconocerá por sus frutos. También nos dice que la iglesia es la red que recoge toda clase de peces (Mt. 13:47-50), que han de separarse con la venida del Hijo de Dios, el Rey universal. Entendemos que, para Mateo, "reino de Dios" e "iglesia" no son lo mismo. La iglesia, a pesar de sus limitaciones, anticipa y prepara la llegada del Reino en su plenitud. Por lo tanto, el Reino de Dios es el fin último de la enseñanza de Jesús.

También nos deja claro el evangelista que eso será plenamente visible cuando se alcance una verdadera práctica de la justicia, asunto que sin lugar a duda se cimienta en la misericordia. Vemos también que el criterio fundamental que se tendrá en cuenta en el juicio final es el amor (Mt. 25:31-46) y que la forma de distinguir al verdadero del falso profeta es la práctica de la justicia y el amor. Por sus frutos los conocerán (Mt. 7:15-20), de ahí, la insistencia en la relación existente entre "oír y hacer ... Ensenar y actuar" (Mt. 7:24-27) ya que eso es lo que nos hará "grande en el Reino de los cielos" (Mt. 5:19).

Vimos en el capítulo anterior que la justicia es un asunto universal y que se anhela por cualquier ser humano, independientemente de su creencia religiosa. Sin embargo, también hay que resaltar que según es tan anhelada, es muy difícilmente alcanzada para la mayoría de quienes habitamos el planeta. Así ha sido a través de la historia de la humanidad y en nuestros tiempos, donde la globalización y las comunicaciones han tomado un auge monumental, también hemos visto cómo ha habido un crecimiento de las violaciones a la dignidad del ser humano; producto de un sistema socioeconómico injusto el cual es terreno fértil para la inequidad, la exclusión y otras nuevas formas de violencia. Es en este entorno donde nos corresponde ser iglesia y responder a la altura de los retos que enfrentamos y que aquejan a la humanidad.

A pesar de que cada era trae consigo sus propios retos y que como sociedad estamos en constante evolución, no debemos perder de vista el hecho de que cada transición en la historia provoca temores, fuertes tensiones, conflictos que van desde la vivencia cotidiana hasta asuntos de relaciones internacionales. Toda esa turbulencia de transición es aderezada en nuestra era con una notable alza en los delitos, discursos de odio e intolerancia que tiene raíces en patologías sociales y se traduce en legislaciones, decisiones políticas y prácticas violentas a gran escala las cuales van en contra de declaraciones, pactos y legislaciones que consagraban el reconocimiento universal de la dignidad del ser humano como fundamento de justicia.[128]

A nuestro contexto histórico, tenemos que ponerlo a dialogar con la teología en busca de entendimiento y de maneras para enfrentar sus retos. Para este ejercicio, corresponde partir del hecho de que toda teología es una palabra sobre Dios, quien se revela como un misterio. Por lo

---

[128] Adela Cortina, *Aporofobia, el rechazo al pobre: Un desafío para la democracia* (Barcelona, España: Paidós, 2017), 23-26.

tanto, una sana teología procura pensar y hablar sobre ese misterio.[129] Ahora bien, tal como relata la parábola del juicio final (Mt. 25:31-46), Dios es un misterio al que sólo tenemos acceso a través del ser humano, su hambre, su sufrimiento y su dignidad.[130] Por tanto, encontramos en Jesús la persona que tuvo a su cargo manifestar el misterio de Dios al mundo y lo hizo con sus actitudes de acogida y acciones en favor de "los pequeños" de su tiempo, entiéndase pobres, enfermos/as, hambrientos/as, las mujeres, pecadores/as, la niñez, extranjeros/as y marginados/as. Así que: "serán nuestras obras en favor de la dignidad humana las que hablen de la verdad sobre Dios en nuestras vidas porque respecto a Dios, más que la forma correcta de pensar vale la forma correcta de vivir".[131]

Si la teología es una palabra sobre Dios, cabe preguntarnos ¿cómo encontrar un camino para hablar de Dios?

> En la perspectiva de la teología de la liberación se afirma que a Dios se le contempla y se pone en práctica su designio sobre la historia, y solo después se le piensa. Lo que queremos decir con esta expresión es que la veneración de Dios y la puesta en obra de su voluntad son la condición necesaria para una reflexión sobre él. [...] En la práctica, concretamente en el gesto hacia el prójimo, especialmente hacia el pobre, encontramos al Señor, pero al mismo tiempo este encuentro hace más profunda y auténtica nuestra solidaridad con el pobre. Contemplación y compromiso histórico son dimensiones ineludibles e interrelacionadas de la existencia cristiana. El misterio se revela en la contemplación y en la solidaridad con los pobres [...][132]

---

[129] Gustavo Gutiérrez, «Teología y Ciencias Sociales», *Revista Latinoamericana de Teología* 1, n.º 3 (1984): 256.

[130] Manuel Díaz Mateos, *Imágenes de Dios y dignidad humana*, vol. 248 (Lima, Perú: Centro de Estudios y Publicaciones, 2002), 25.

[131] Díaz Mateos, 248:27.

[132] Gutiérrez, «Teología y Ciencias Sociales», 256-57.

Partiendo de esta reflexión sobre la teología y ante el espejo de Mateo, debemos tener en cuenta que la iglesia practica una fe madura cuando cuenta con gente capaz de elaborar el marco teórico de la fe en articulación con los desafíos que trae consigo la realidad sociohistórica.[133] El verdadero trabajo por la justicia y la libertad no es ser bueno/a o cumplir con las normas sociales sino más bien se trata de vencer las adversidades transformando las situaciones de desgracia, sufrimiento u opresión en oportunidades para promover la justicia y reconstruir una vida digna para toda la humanidad.

Nuestra responsabilidad como liderato cristiano debe procurar una respuesta dentro de los retos de un mundo posmoderno y globalizado el cual está unido por las comunicaciones, pero separado en relaciones interpersonales y donde los poderosos se hacen cada vez más fuertes y los débiles cada vez más vulnerables. No es suficiente con subrayar lo ético en menoscabo de la justicia. Ciertamente lo ético es un asunto fundamental, pero no absorbe la lucha por la justicia. Paul Tillich afirma que:

> Es lamentable que el cristianismo haya tan a menudo ocultado su falta de voluntad para hacer justicia, o su no disposición para luchar por ella, oponiendo la justicia y el amor y realizando obras de amor, en el sentido de la 'caridad', en lugar de luchar por la eliminación de la injusticia social.[134]

El llamado a la iglesia no fue de pasividad sino a vivir como el cuerpo de Cristo que es, viviendo la realidad del Reino de

---

[133] Leonardo Boff, *Iglesia: Carisma y poder. Ensayos de eclesiología militante*, trad. Jesús García-Abril, 7ma ed, Presencia Teológica (Santander: Editorial SAL TERRAE, 2019), 31.

[134] Paul Tillich, *Moralidad y algo más: Fundamentos para una teoría de la moral*, trad. Marcelo Pérez Rivas (Buenos Aires, Argentina: Editorial La Aurora, 1974), 38.

Dios en este mundo. De eso se trató la misión que nos fue encomendada, de colaborar con la voluntad de Dios que es dar libertad. Debemos internalizar y también dejarle claro a la sociedad que nuestra tarea no consiste en cristianizar al mundo, sino servirle. Aunque eso tampoco quiere decir que dejemos de anunciar la palabra de Jesucristo de juicio y de gracia. Podemos y debemos anunciar el Reino al mismo tiempo que trabajamos por dar libertad. Es por esto que debemos insertarnos en la búsqueda de soluciones ante las realidades problemáticas de las personas, las cuales inciden en un obstáculo para recibir esa palabra de Dios y su mensaje de esperanza.

De acuerdo con el envío a la misión, hemos enfocado los esfuerzos en la evangelización. Precisamente, entonces, partiendo de eso debemos de tener conciencia de que "evangelización" no es una especie de proselitismo religioso, sino que incluye un contenido a comunicar y la acción de comunicar ese contenido. Por lo tanto, es imperativo afirmar que para que la evangelización sea cristiana, debe existir una mutua relación entre el contenido de lo que se hace presente y la manera de hacerlo presente. Cuando esa relación está ausente, se concibe la evangelización como un simple anuncio de realidades sublimes sin que dicho anuncio sea acompañado de la realización de su contenido. Por eso, cuando la predicación de la redención que nos trae Cristo no viene acompañada de la praxis de una liberación eficaz, no se construye el Reino.[135]

El hecho de que el anuncio no venga acompañado de una praxis eficaz de liberación no es solamente un fallo que pueda

---

[135] Jon Sobrino, *Resurrección de la verdadera Iglesia: Los pobres, lugar teológico de la eclesiología*, Presencia Teológica (Santander: Editorial SAL TERRAE, 1981), 267-70.

cometer la iglesia sino más bien pudiera constituirse en la negación de la propia iglesia. Ciertamente la identidad de la iglesia consiste en la misión de evangelizar. Además, el sentido más profundo del significado de que la iglesia se fundamenta en Cristo es que nos constituye su cuerpo en la historia, para continuar su obra. Por esto, el fin primordial de la iglesia mediante la evangelización es el Reino de Dios.[136] Si comprendemos bien esto, debemos notar que la única manera de lograr un balance entre mensaje, práctica y construir el Reino, es que seamos coherentes y que nuestra praxis redunde en dar libertad a quienes más la necesitan. El proceder de la iglesia es respaldado por un amor más grande que la capacita a salir de sí y encamina a dar la Buena Nueva del Reino, dando esperanza a quienes viven en aflicción y denunciar cualquier realidad que obstaculice el plan salvífico y liberador de Dios. Sin temor a equivocarnos, podemos afirmar que la tarea teológica nos debe mover a una reflexión en favor de la justicia como esa manifestación más genuina y palpable de la presencia de Dios en cualquier momento de la historia.

Para que comprendamos mejor para qué fue que se constituye la iglesia, recordemos que la primera etapa del Ministerio de Jesús consistió en el anuncio del Reino de Dios. Ese precisamente es el fundamento de su propia racionalidad, que no se predicó a sí mismo, sino que sobre el Reino. Jesús, por lo tanto, no predicó sobre la iglesia ni procuró fundar una institución religiosa con los rasgos que el Nuevo Testamento llama iglesia luego de su resurrección. Jesús, lo que sí hace desde el inicio de su Ministerio es hacer a otros/as partícipes de su misión. Ya en la segunda etapa de su Ministerio pasa por lo que se denomina como "la crisis de Galilea", precisamente

---

[136] Sobrino, 272.

en esa época es que Mateo coloca en boca de Jesús las palabras de la institución de la iglesia. Aunque esto no fuese históricamente cierto, ciertamente resulta importante ver cómo la historia de Jesús en esa época de su vida va a poner los fundamentos de la iglesia y cómo habrá de relacionarse.[137] Claramente Jesús no predicó la iglesia, sino el Reino de Dios y su justicia, que significaba liberación para el pobre, consuelo para quienes lloran, justicia, paz, amor y perdón. No anunció un orden establecido ni llama a súbditos a ser sumisos/as, sino que libera y permite ser leal sin ser rastrero, al tiempo que hace que quien usurpa el poder sea siervo, hermano y libre de más hambre de poder.[138] Ese fue el proyecto fundamental de Jesús: liberación y libertad. Fue a ese el proyecto que también llamó a la iglesia al comisionarle la continuidad de su obra.

Regresando a la evangelización, hay varios modos para hacer dicha tarea: 1) el anuncio de la palabra de Dios, 2) el testimonio de vida de los/as cristianos/as, 3) la acción transformadora del mundo, la implantación del Reino de Dios y como la iglesia se desarrolla en un mundo de pecado, la evangelización le compete tanto el anuncio como 4) la denuncia profética de todo aquello que niega fundamentalmente del Reino de Dios y su justicia.[139] Cada uno de estos modos, nos llevan al objetivo de la misión evangelizadora, más allá que un proselitismo religioso. Cada uno es complemento del otro y en su justo balance logra una misión efectiva.

---

[137] Sobrino, 275-76.
[138] Boff, *Iglesia: Carisma y poder. Ensayos de eclesiología militante*, 114.
[139] Sobrino, *Resurrección de la verdadera Iglesia: Los pobres, lugar teológico de la eclesiología*, 280.

Ahora bien, resulta importante detenerse un momento a reflexionar sobre el tema de la denuncia profética ya que con mucha frecuencia se ha malinterpretado el rol profético y se ha utilizado para fines contrarios a los que realmente responde. Si damos una mirada con detenimiento al mensaje profético a través de la Biblia, podríamos resumirlo en cuatro aspectos importantes: 1) denuncia de las injusticias y del pecado, 2) anuncio de juicio y castigo a los/as responsables, 3) llamado a la conversión y al cambio, 4) el anuncio de la salvación. La función profética, entonces, es fundamentalmente de intérpretes de la historia, con un discernimiento de los tiempos y las situaciones políticas, sociales y económicas.

Es una función crítica mediante la cual se analiza la situación actual, se identifican y denuncian las injusticias y sus causas, pero también anuncian el juicio y el castigo a sus responsables. Es importante destacar que el mensaje profético siempre ofrece un mensaje de esperanza y un camino a la salvación. Precisamente por esa esperanza en su contenido es que quién asume el rol profético lo hace de manera crítica ya que aun en las situaciones más hostiles de angustia y desgracia, cree en la posibilidad de un cambio. Finalmente, aunque su mensaje es dirigido a todo el pueblo, lleva una carga directa a los/as dirigentes y principales responsables de las situaciones que son denunciadas.[140]

---

[140] Samuel Almada, «Biblia y Teología para trabajar por la justicia y la paz en el mundo actual: Un concepto de justicia desde la perspectiva bíblica.», en *La Justicia y la cuestión del otro vulnerado: Acercamientos multidisciplinares en diálogo con la Teología*, ed. María José Caram y María Alejandra Leguizamón, vol. 5, Perspectivas Iberoamericanas sobre la Justicia (Valencia, España: Tirant lo blach, 2019), 47.

Aunque históricamente la iglesia ha llamado esa misión que se nos encomendó como evangelización, retomar dicho proyecto requiere que le demos la importancia que reviste el alcance de este. Sí, evangelizar implica anunciar y proclamar un mensaje, pero es algo más profundo que eso. Ese mensaje cobra un significado mayor cuando es el testimonio de quien lo lleva y cuando ese testimonio es de fidelidad a Jesús, debe ir acompañado de atención a las personas más vulnerables. Sin ese testimonio, toda la predicación se torna ineficaz. No podemos perder la oportunidad de enfatizar que ese mensaje que se predica y que se acompaña de testimonio de vida, requiere una acción transformadora por lo tanto es imposible predicar del "mandamiento nuevo" sin promover la justicia.[141]

> El que la evangelización cristiana sea proclamación y anuncio de una Buena Nueva no procede tanto de su carácter verbal, como de su carácter simbólico. [...] Cuando Jesús anuncia, por ejemplo, que 'el reino de Dios se acerca', o cuando dice que 'quien quiere ganar su vida debe perderla', o cuando dice 'nadie tiene más amor que quien da su vida por otros', no está meramente enunciando contenidos para el conocimiento, sobre los cuales se puede reflexionar, sino que está resumiendo en afirmaciones límites el sentido último de la vida. En cuanto la evangelización propone ese sentido a los oyentes, no puede menos de expresarse en este tipo de afirmaciones, pues a través de ellas presenta la globalidad de la vida y su sentido cristiano. La evangelización, por lo tanto, no es en primer lugar la elaboración de una doctrina que debe versar sobre ciertos contenidos, sino en primer lugar anunciar el sentido más profundo de la vida.[142]

---

[141] Aunque consciente de que este concepto de "mandamiento nuevo" es introducido en el evangelio según Juan y no en Mateo, lo traigo para ilustrar nuestra responsabilidad en el día de hoy, pero mirándonos en el espejo del evangelio según Mateo.

[142] Sobrino, *Resurrección de la verdadera Iglesia: Los pobres, lugar teológico de la eclesiología*, 283. Nuevamente, aunque esta cita de Jon Sobrino trabaja conceptos del

Enfatizando en que la misión no recae exclusivamente en pastores/as, predicadores/as, sacerdotes, y demás líderes eclesiásticos, resulta interesante ver cómo Lutero en un comentario sobre el Sermón del Monte insta a quienes ministran la Palabra a confrontar el pecado. Específicamente comentando sobre Mt. 5:13-16 destaca el llamado a ser sal y luz, señalando que los/as predicadores/as deben ser sal denunciando los caminos corruptos del mundo y dice: "La exposición de las Escrituras constituye la auténtica salazón que denuncia al mundo y no deja nada en pie, salvo la fe sencilla en Cristo".[143] Dice, además, que ese ministerio de denunciar es cónsono con ser luz del mundo porque Jesús llamó a sus discípulos a "instruir a las almas y guiarlas hacia la vida eterna".[144] Ciertamente aunque Lutero enseña que todos/as los/as cristianos son llamados/as a contribuir en la preservación de la sociedad, corrigiendo el pecado de forma fraternal, el rol de la iglesia no es únicamente corregir pecados privados sino que incluye el ámbito público instando a cada ministro a abordar los pecados de los líderes y de la sociedad en general.

Esto que planteó Lutero merece ser internalizado, pues nos urge leer y utilizar la Biblia desde una perspectiva profética inspirada en el Dios de la vida que se interesa en la misericordia y la reconciliación que denuncia y condena cualquier tipo de opresión, así como quienes la promueven. Es de suma importancia que se identifiquen a los/as responsables de la opresión y la explotación ya que las injusticias y desigualdades sociales no son producto de casualidades ni de accidentes, sino que son algo premeditado por algunas minorías poderosas para

---

evangelio según Juan, discutirla nos ayuda para apoyar nuestro planteamiento.
[143] Lutero, *Mateo: Sermón del Monte y el Magníficat*, 7:82.
[144] Lutero, 7:84.

hacerse de cosas que no les pertenecen.[145]

Nuestra relación con Dios no tiene manera de cuantificarse. Sin embargo, podemos tener una idea de ésta según nos relacionamos con nuestro prójimo, puesto que solo puede estar bien con Dios quién esté bien con los/as demás en justicia y amor. Es por esto que afirmamos que la justicia tiene lugar en el mismo centro de nuestra fe cristiana. Es desde ahí que podemos entender el criterio escatológico de nuestro juicio final, que surge de nuestra relación con las personas que son consideradas económica y humanamente más insignificantes de nuestra historia (Mt. 25:31-46).[146] Boff afirma que:

> [...] la justicia es tan importante que, sin su advenimiento, no existe advenimiento del Reino de Dios. El signo de que el Reino de Dios se acerca y comienza a morar en nuestras ciudades se manifiesta cuando se hace justicia a los pobres, cuando se propicia su participación en los bienes de la vida y de la comunidad, cuando se promueve su dignidad y se les defiende contra la violencia a que se les somete el sistema político y económico.[147]

Si hablamos de justicia y de libertad, estamos haciendo referencia a asuntos de responsabilidad ética frente a conflictos e injusticias concretas que vivimos en nuestras experiencias actuales. También de la manera en cómo los enfrentamos para lograr los cambios y transformaciones necesarias, pues este es el centro del mensaje del evangelio y el ejemplo de vida y obra de Jesús.[148] Como iglesia, debemos tener una perspectiva de la justicia mucho más amplia que la enseñada desde el ámbito filosófico y del derecho ya que nace desde el reconocimiento

---

[145] Almada, «Biblia y Teología para trabajar por la justicia y la paz en el mundo actual: Un concepto de justicia desde la perspectiva bíblica.», 50.

[146] Boff, *Iglesia: Carisma y poder. Ensayos de eclesiología militante*, 52.

[147] Boff, 52.

[148] Almada, «Biblia y Teología para trabajar por la justicia y la paz en el mundo actual: Un concepto de justicia desde la perspectiva bíblica.», 53.

de un amor más grande y no se limita al cumplimiento de normas sociales. Debemos procurar responder a una serie de situaciones de orden social, político, económico etc., que poco a poco han ido desvalorizando y deshumanizando la persona.

No olvidemos que el mensaje del evangelio es un mensaje social, que ha sido encarnado en la historia y que tiene algo que decir ante los acontecimientos de carácter socioeconómico y sociopolítico, máxime cuando éstos están siendo una amenaza a la dignidad de las personas. La realización del Reino de Dios requiere que no se pierden de vista la igualdad y la justicia, condiciones de vital importancia. Es imposible la trasformación de la sociedad si no se reconoce la dignidad de todos los seres humanos, por encima de cualquier etiqueta social las cuales son contrarias al plan divino. El interés de fondo es el compromiso de la justicia social, dentro y fuera de la iglesia respondiendo a la exigencia del evangelio y responsabilidad ética en el mundo.

En el sentido más sencillo posible, la liberación corresponde a una liberación del pecado de la injusticia y de la opresión, al tiempo que es liberación para la gracia, la justicia y la fraternidad. Nada de esto es un agregado al mensaje del evangelio, sino que se trata de su esencia desde los tiempos bíblicos hasta los nuestros. Conscientes de que la iglesia está en constante interacción con el mundo, es necesario incluir en la evangelización precisamente a ese entorno social con sus luces y sombras. Esta función social debe ser balanceada y sin reduccionismos. De la misma manera en que no debemos permanecer encerrados/as en los templos, tampoco significa que estemos todo el tiempo fuera. Se trata de salir de nuestra zona de comodidad para anunciar, denunciar y solidarizarse a partir de la inspiración evangélica y de su dimensión religiosa.

No es hablar políticamente, sino evangélicamente sobre la política. Se trata de que entendamos que la política y la lucha por la justicia son el anticipo del Reino de Dios, el cual las trasciende. Por lo tanto, hablar de justicia social y liberación nos ubica inevitablemente en el centro de la esfera política, por lo que será necesario articular la lucha por la justicia con el ámbito político.[149]

---

[149] Boff, *Iglesia: Carisma y poder. Ensayos de eclesiología militante*, 53-54.

10

CONSIDERACIONES FINALES

A través de una lectura detallada (conociendo el contexto, comunidad y posible autor implícito) del evangelio según Mateo, me parece que hemos podido ver claramente las intenciones del evangelista con su redacción. Apuntamos que, desde el inicio del evangelio y sin entrar aún en discusión de los cinco grandes discursos, podemos ver la manera en que el evangelista procura legitimar a la figura de Jesús en la comunidad mateana.

Si miramos, por ejemplo, el relato del nacimiento es muy difícil pensar otra cosa que no sea el que su intención no consiste simplemente en narrar la concepción de Jesús, ni en describir la escena del nacimiento como hace Lucas. El punto central del relato mateano lo constituye José, quién al conocer el estado de María, pretende abandonarla en secreto. La intención, entonces, del relato en Mt. 1:18-25 consiste en resolver el problema que se ha originado en la genealogía y ese esclarecimiento lo destacamos en el v. 25 donde José pone al niño el nombre de Jesús. Es así como el descendiente de David y esposo legal de María se convierte legalmente en su padre, con lo cual lo inserta en su genealogía davídica.

Ciertamente las necesidades de la comunidad mateana planteaban la urgencia de destacar la procedencia de Jesús y su conexión con la historia de Israel. Podemos notar que no es casualidad el haber destacado la continuidad de la historia de Israel. Definitivamente tanto el contexto literario como el cultural de Mateo, así como la necesidad de sus destinatarios, llevan al evangelista a realizar la presentación de su personaje principal y para ello, debía comenzar hablando de sus orígenes. Esto, sin duda, daría pie a reforzar la legitimidad de Jesús como el Mesías y daría validez al resto del evangelio donde destacará sus enseñanzas, obra y milagros, así como la muerte y resurrección.

Una vez podemos percibir la intención del evangelista con redacción de su evangelio, resulta interesante profundizar en los temas que plantea y cuya vigencia llega hasta nuestro tiempo. Hablamos de que este evangelio ha sido comentado en múltiples ocasiones y que también suele sacarse de contexto con mucha facilidad. De hecho, no se puede negar que goza de cierta simpatía a través del tiempo y por eso ocupa un lugar "privilegiado" en la tradición ya que carga con esa aceptación de la iglesia primitiva. Lo cierto es que profundizar en este evangelio aprovechando su forma de organización, su buen griego en los escritos más antiguos que se han recuperado, así como la precisión y pertinencia del material que escogió, nos revelan muchísimas más cosas que una simple biografía.

Las secuencias narrativas en la estructura del evangelio según Mateo resultan muy interesantes y podemos notar que antes de cada discurso, Mateo escribe 5 secuencias narrativas que nos muestran el mensaje de Jesús: 1) Mt. 3-4, El ministerio de Jesús; 2) Mt. 8-9, Continuación del ministerio; 3) Mt. 11-12, La actividad misionera de los apóstoles; 4) Mt. 13-17, Los signos del Reino; 5) Mt. 19-23, La subida a Jerusalén. Cada una de esas secuencias nos lleva al encuentro con cada discurso y nos permite situarnos en contexto, facilitándonos la comprensión e internalización del contenido de cada uno. La ambientación para cada discurso nos puede dar una idea de la importancia que representaba para el evangelista narrarlos. De hecho, es notable que puso muchísimo empeño en hacer que los discursos no perdieran el diálogo con el resto del evangelio.

Si destacamos la importancia de legitimar a Jesús en la comunidad y el empeño en lograr una coherencia entre los cinco grandes discursos y el resto del evangelio, tenemos ante nuestra consideración el mensaje central del Ministerio de Jesús y el cual se nos encomendó a continuar. Considerando esto, me parece que la eclesiología que podemos extraer de los cinco grandes discursos tiene mucho por increparnos hoy. En esta tarea de ser iglesia, necesitamos vernos mucho más allá de las paredes del templo y que nuestra eclesiología no se quede en asuntos internos ni de carácter litúrgico. Sí, nos reunimos a adorar a Dios y eso es sumamente importante, incluso debemos hacerlo constantemente y en nuestra cotidianidad como creyentes.

Destacando lo vital de la adoración a Dios, debemos tener el mayor cuidado de no caer en los asuntos contra los que trabaja constantemente el evangelio según Mateo. Adorar a Dios tiene que guardar una coherencia con nuestro proceder tanto individual como de iglesia, de lo contrario sería muy fácil caer en prácticas farisaicas. Ciertamente en los tiempos de Jesús era muy común ver grandes virtudes dentro de las sinagogas y el cumplimiento al pie de la letra de los deberes religiosos. Ahora bien, cuando se trataba del comportamiento para con el prójimo, ahí se percibía un abismo que hacía superficial tal adoración. De hecho, ya desde el Antiguo Testamento se registraba la lucha del profetismo denunciando el doble discurso del liderato del pueblo y del liderato religioso, ya que alardeaban de cumplir con las ceremonias y demás prácticas religiosas, pero el trato con el prójimo era nulo, o peor aún, opresor.

Esas prácticas no quedaron por allá por la distancia entre el tiempo bíblico y el nuestro. Tristemente han seguido y hasta han sido normalizadas. Si bien antes había que cuidarse de eso, hoy se nos hace urgente salir de ahí y retomar el modelo de Jesús, de manera que nuestra adoración a Dios sea coherente y sincera. ¿Cuál será esa verdadera adoración? ¿Cómo somos verdaderos/as discípulos/as de Jesús? Creo que todo lo plasmado en los capítulos anteriores, y que nos han traído hasta aquí, nos ha contestado claramente a esas preguntas. Hay una eclesiología por extraer y aplicar de esos cinco grandes discursos.

El llamado que constantemente el evangelista pone en boca de Jesús fue uno fuerte y firme contra los manejos que tanto escribas y fariseos hacían con sus propias interpretaciones de la ley. A través del contenido de cada uno de los discursos, Jesús nos habla de tres asuntos fundamentales del Reino: 1) la justicia, que busca proteger el derecho de la clase oprimida; 2) la misericordia, que debe manifestarse en las acciones para con nuestro prójimo; 3) la fidelidad, que es ser fieles a la voluntad de Dios y que se basa en la justicia y la misericordia. Estos asuntos fundamentales del Reino no aplican exclusivamente al ámbito religioso, pues ciertamente vivir bajo los mismos redunda en una sociedad que vive en libertad.

Tan pronto como en el inicio del primer discurso, vemos que la vivencia de las bienaventuranzas conduce a una vida plena y feliz. Eso no significa que no habrá dificultades, pero permite una armonía entre la creación. Es su mensaje a la humanidad, la importancia de la dignidad del ser humano y procurar la justicia. Acoger este mensaje de salvación es importante para la felicidad en la vida presente y la esperanza de esa vida eterna que su muerte y resurrección nos prometió.

El tema fundamental del segundo discurso es el discipulado, ofreciendo una mirada hacia la calidad, la tarea, los conflictos y el costo de este. Una eclesiología que se desprenda de este discurso no puede centrarse en la preocupación sobre el crecimiento de la membresía, las finanzas, el mantenimiento del templo, etc. Aquí es donde hay que enfatizar en el desafío de ser discípulos/as. No se puede seguir fomentando una iglesia de puerta giratoria, donde solo nos importe traer personas pero que no los preparemos para enfrentar las situaciones difíciles que nos trae la vida. Entonces, tan pronto llega el primer desafío, salen de la iglesia buscando cómo enfrentarlo por no haber tenido herramientas a la mano. Pero cuando salga, "otra persona habrá de entrar". Esto es de vital importancia para prepararnos a la misión, la cual Jesús nos adelantó que sería dura, pero que habrá una recompensa al final por haber sido fieles.

También en este discurso es importante notar que Jesús establece claramente que seguirle acarreará conflictos con la oposición. Si la injusticia es contraria al Reino, pues inevitablemente habrá confrontación con ella. Por lo tanto, habrá que denunciar el racismo, la explotación, el hambre, las condiciones de pobreza, la contaminación ambiental y demás instancias opresivas. No hay por qué temer, precisamente Jesús llama a los discípulos a abandonar el temor. Quizás el temor sea una de las razones por las que muchas iglesias están estancadas y no crecen de una manera integral y saludable.

Jesús nos llama a poner fin al temor, pero también llama al compromiso incondicional. En su discurso, no hay espacio para la neutralidad. De hecho, claramente sentencia que:

> A cualquiera, pues, que me confiese delante de los hombres, yo también lo confesaré delante de mi Padre que está en los cielos. Y a cualquiera que me niegue delante de los hombres, yo también lo negaré delante de mi Padre que está en los cielos. (Mt. 10:32-33)

Este discurso nos pone un reto muy grande e ineludible pues quien no hace su discipulado público y con entrega total, quedará fuera del redil y no es digno/a de esta fe y de este Evangelio.

En el tercer discurso Jesús recurre a las parábolas, un elemento pedagógico extraordinario para llevarnos a reflexionar. A través de comparaciones, nos lleva a abrir los ojos a verdades profundas, llamando a la atención sobre los asuntos del Reino de Dios. Aquí podemos ver la concepción teológica de este evangelio sobre la situación de Israel tras rechazar a Jesús, perdiendo el privilegio de ser el pueblo escogido y poniendo sobre la iglesia la responsabilidad de llamarse "Pueblo" y portadora del Reino. Así, entonces, el tema central ha de ser esa separación entre pueblo y discípulos y constituye el esquema teológico del evangelista para dar continuidad a la historia de la salvación.

Cada una de las parábolas de este discurso nos llevan por esa misma línea y por eso tomo como muestra solamente la del trigo y la cizaña. Precisamente debemos interpretarla en el contexto de las otras parábolas que aparecen en el mismo capítulo. En la parábola que nos ocupa, Jesús intenta agregarle un significado más al Reino de Dios: que el Reino puede instalarse en medio de la raza humana, aun con toda su miseria de su egoísmo. No importan las circunstancias, el Reino prosperará. Aquí hay un importante mensaje de esperanza, ya que según el trigo se va abriendo paso entre la cizaña, el Reino de Dios se abre camino entre dañino y al final sólo permanecerá el producto de la buena semilla.

Tal como ha sido el mensaje teológico de Mateo, debemos entender que la iglesia no es el Reino de Dios, sino la portadora de este. Estamos en este mundo y aquí nos movemos entre la injusticia de la opresión y la justicia que el Reino de Dios. A pesar de que hay muchas cosas y situaciones contrarias a los valores del Reino, precisamente coexisten con ese Reino del que habla Jesús. Por esto la buena semilla tiene que ser aquella que esté de acuerdo con el Reino y que nos lleva a la justicia, la misericordia y la fidelidad, abriéndose paso entre la indiferencia, la miseria, la injusticia y la corrupción. Debemos procurar que el Reino de Dios se manifieste en nuestras acciones, abriéndose paso ante la miseria que la injusticia propone. No ha de tocarnos cortar la cizaña de raíz, pero eso no debe desanimarnos ya que esperemos en el tiempo final cuando se conservará la buena semilla y la cizaña sea destruida totalmente. Mientras tanto, sigamos sembrando las buenas semillas.

Del cuarto discurso podemos considerar que estemos ante un pasaje central para entender el carácter comunal y la esencia del propósito que identifica a toda congregación que llamamos iglesia. El empleo del concepto iglesia que hace Jesús en este discurso nos conduce a una aplicación terrenal de esa relación en comunidad, por su enfoque es el ámbito de las relaciones interpersonales en la congregación y su relación con la autoridad espiritual. Debemos reconocer aquí una relación recíproca entre cómo nos tratamos dentro de la iglesia local y la extensión de la autoridad espiritual que permite incidir como congregación en la comunidad que habitamos.

De acuerdo con las enseñanzas de Jesús que plantea el evangelista en este discurso, la iglesia debe ser el contexto para proponer un modo de vida marcado por el propósito del Reino de Dios entre nosotros/as. En ese sentido, la iglesia con su misión colabora en el desarrollo de una sociedad mejor. En los tiempos de posmodernidad que vivimos, es notable que nuestra sociedad experimenta el deterioro de valores que eran esenciales en nuestras familias. Los problemas en las relaciones interpersonales y las relaciones maltrechas por la falta de ayuda son evidentes. Según se veía en los inicios de la iglesia a través de la comunidad mateana, hoy la iglesia como comunidad no está ajena a todos estos males sociales. De hecho, muchas de las dinámicas internas son un reflejo de lo que ocurre en la sociedad.

Esto nos debe mover a reflexionar para convertirnos en esa comunidad de la que Jesús nos instruye y acudir al llamado de sanar corazones heridos, facilitar procesos de reconciliación, educar acerca del perdón y promover que sus miembros oren e intercedan entre sí. Tal como nos instruye este discurso, ser iglesia debe redundar en convertirnos en medio efectivo de la gracia de Dios, viviendo conforme a los valores del Reino. Solo así, podemos llevar libertad a las almas fuera de nuestras comunidades de fe.

Finalmente, considerando el último discurso, tenemos que hablar del fin de los tiempos. Sin embargo, no debemos detenernos en discusiones más allá que no sea enfatizar que el punto inicial de este discurso nos invita a comprender que no sabemos cuándo pasará, pero sí tenemos la certeza de que llegará y ya sabemos cómo esperarlo. Nuestra fe, y nuestro comportamiento no deben basarse en qué pasará o cómo y cuándo. Como discípulos/as de Jesús, somos llamados/as a guardar, preservar y comunicar lo que Dios ya ha hecho en Cristo porque todavía es tiempo de cosecha. La invitación aquí, en una reflexión eclesiológica, es a preguntarnos: ¿Qué hacer mientras esperamos? ¿Cómo nos mantenemos preparados/as? ¿Cómo construimos el Reino mientras tanto?

Vimos a través de los cuatro discursos anteriores, y se recalca en éste, que la comunidad mateana representa eso que Dios quiere hacer con toda la humanidad para la salvación. Esto incluye maneras de responder a la pobreza y a la opresión, formando un pueblo cuyos valores sean cónsonos con su Reino, especialmente en justicia y paz. Por esto vemos una continuidad entre los pobres de la tierra y la comunidad conformada por los discípulos de Jesús, donde se hace visible la solidaridad de Dios con "los pobres". Es porque existe una comunidad de "hermanos" de Jesús que ha sido libertada del pecado y de la opresión que podemos proclamar que Jesús vino por sus "hermanos más pequeños" y quiere acabar su aflicción.

Esa esperanza va dirigida a todos/as los/as pobres, eso sin duda incluye a quienes no son creyentes. Nuestra misión es mostrarles la posibilidad de un Reino sin opresión ni pobreza y que, mediante la fe, también pueden alcanzarlo. No olvidemos que la fe no es algo abstracto o un asunto puramente interior, sino que implica una transformación del ser humano y su proceder, fomentando unas mejores relaciones sociales. Sin duda, a lo largo de los cinco grandes discursos, hay palabras de libertad y de esperanza para quienes hemos puesto nuestra fe en el Señor y para quienes tarde o temprano lo hagan. Tenemos en nuestra mano un modelo de ser iglesia y es uno cuya acción es liberadora, solidaria con los pobres y firme contra las injusticias. Si queremos ser relevantes, debemos organizarnos y movilizarnos para responder a "los profetas," "los justos," y "los más pequeños" en nuestros contextos.

BIBLIOGRAFÍA

Aguirre Monasterio, Rafael, y Rodríguez Carmona Antonio. *Evangelios Sinópticos y Hechos de los Apóstoles*. Segunda ed. Navarra, España: Editorial Verbo Divino, 2016.

Almada, Samuel. «Biblia y Teología para trabajar por la justicia y la paz en el mundo actual: Un concepto de justicia desde la perspectiva bíblica.» En *La Justicia y la cuestión del otro vulnerado: Acercamientos multidisciplinares en diálogo con la Teología*, editado por María José Caram y María Alejandra Leguizamón, Vol. 5. Perspectivas Iberoamericanas sobre la Justicia. Valencia, España: Tirant lo blach, 2019.

Althaus, Paul. *The Ethics of Martin Luther*. Traducido por Robert C. Schultz. Philadelphia, Pennsylvania: Fortress Press, 1972.

Benoit M, P., E. Boismard, y J.L. Malillos. *Sinopsis de los 4 evangelios de la Biblia de Jerusalén*. 8va ed. Bilbao, España: Desclée Brouwer, 1987.

Boff, Leonardo. *Iglesia: Carisma y poder. Ensayos de eclesiología militante*. Traducido por Jesús García-Abril. 7ma ed. Presencia Teológica. Santander: Editorial SAL TERRAE, 2019.

———. *Jesucristo el Liberador: Ensayo de Cristología crítica para nuestro tiempo*. Presencia Teológica 6. Santander: Editorial SAL TERRAE, 1994.

Brown, Raymond. *Introducción al Nuevo Testamento: 1. Cuestiones preliminares, evangelios y obras conexas*. Traducido por Antonio Piñero. Madrid: Editorial Trotta, 2002.

Carter, Warren. *Mateo y las márgenes: Una lectura sociopolítica y religiosa*. Navarra, España: Editorial Verbo Divino, 2007.

Combet-Galland, Corina. «El Evangelio según San Marcos». En *Introdución al Nuevo Testamento: Su historia, su escritura, su teología*, editado por Daniel Marguerat. Bilbao: Desclée Brouwer, 2008.

Cortés-Fuentes, David. *Mateo*. Editado por Justo L. González. Conozca su Biblia. Minneapolis, Minnesota: Augsburg Fortress, 2006.

Cortina, Adela. *Aporofobia, el rechazo al pobre: Un desafío para la democracia*. Barcelona, España: Paidós, 2017.

Cuvillier, Élian. «El Evangelio según Mateo». En *Introdución al Nuevo Testamento: Su historia, su escritura, su teología*, editado por Daniel Marguerat. Bilbao: Desclée Brouwer, 2008.

Debergé, Pierre. *La justicia en el Nuevo Testamento*. Navarra, España: Editorial Verbo Divino, 2003.

Díaz Mateos, Manuel. *Imágenes de Dios y dignidad humana*. Vol. 248. Lima, Perú: Centro de Estudios y Publicaciones, 2002.

Díez Macho, Alejandro. «En torno a las ideas de W. D. Davies sobre el Sermón de la Montaña». En *El Sermón de la Montaña*, traducido por A. De la Fuente Adanez. Madrid, España: Ediciones Cristiandad, 1975.

Dumais, Marcel. *El Sermón de la montaña (Mateo 5-7)*. No. 94. Navarra, España: Editorial Verbo Divino, 1998.

Ferrater Mora, José. *Diccionario de filosofía*. Editado por Joseph-María Terricabras. Vol. II. Círculo de Lectores. Barcelona, España: Ariel Referencia, 1994.

Fitzmayer, Joseph A. *El Evangelio según Lucas*. Madrid, España: Ediciones Cristiandad, 2005.

Grilli, Massimo, y Langner Cordula. *Comentario al Evangelio de Mateo*. Vol. 5. Evangelio y Cultura. Navarra, España: Editorial Verbo Divino, 2011.

Guijarro Oporto, Santiago. *Los cuatro evangelios*. Tercera Ed. Salamanca: Ediciones Sígueme, 2016.

Gutiérrez, Gustavo. «Teología y Ciencias Sociales». *Revista Latinoamericana de Teología* 1, n.º 3 (1984).

Hendriksen, William. *Comentario al Nuevo Testamento: El Evangelio según San Mateo*. Grand Rapids, Michigan: Libros Desafío, 2003.

Jeremías, Joachim. *Interpretación de las parábolas*. Traducido por Francisco Javier Calvo. 9na ed. Pamplona, España: Editorial Verbo Divino, 1971.

Keener, Craig S. *Comentario del contexto cultural de la Biblia: Nuevo Testamento*. Traducido por Nelda Bedford de Goydou, Arnoldo Canclini, Gabriela De la Rocha, Raimundo Ericson, Miguel A. Mesías, Edgar Morales, José Antonio Sepitén, y Rubén Zorzoli. 10ma ed. El Paso, Texas: Editorial Mundo Hispano, 2017.

Kertelge, Karl. «διχαιοσύνη (dikaiosynē)». En *Diccionario Exegético del Nuevo Testamento*, editado por Horst Balz y Gerhard Schneider, traducido por Constantino Ruiz-Garrido, 3ra ed. Vol. I. Biblioteca de Estudios Bíblicos. Salamanca, España: Ediciones Sígueme, 2005.

Kingsbury, Jack Dean. *Matthew as Story*. Second. Minneapolis, Minnesota: Fortress Press, 1988.

López, Ediberto. *Cómo se formó la Biblia*. Editado por Justo L. González. Conozca su Biblia. Mineapolis, Minesota: Augsburg Fortress, 2006.

———. *Para que comprendiesen las Escrituras*. San Juan, Puerto Rico: Seminario Evangélico de Puerto Rico, 2003.

Lutero, Martín. *Mateo: Sermón del Monte y el Magníficat*. Traducido por Rosa Roger Moreno. Vol. 7. Comentarios de Martín Lutero. Barcelona, España: CLIE, 2021.

———. «Temporal Authority: To What Extent It Should Be Obeyed». En *Martin Luther's Basic Theological Writings*, editado por Timothy F. Lull y William R. Russell, 2nd ed. Minneapolis, Minnesota, 2005.

Luz, Ulrich. *El Evangelio según San Mateo: Mt 1-7*. Traducido por Manuel Olasagasti Gaztelumendi. 3.ª ed. Vol. I. Salamanca, España: Ediciones Sígueme, 2010.

———. *El Evangelio según San Mateo: Mt 8-17*. Traducido por Manuel Olasagasti Gaztelumendi. Segunda ed. Vol. II. Salamanca, España: Ediciones Sígueme, 2006.

———. *El Evangelio según San Mateo: Mt 18-25*. Traducido por Manuel Olasagasti Gaztelumendi. Vol. III. Salamanca, España: Ediciones Sígueme, 2012.

Margerat, Daniel, y Yvan Bourquin. *Cómo leer los relatos bíblicos: Iniciación al análisis narrativo*. Santander: Editorial SAL TERRAE, 2000.

Marguerat, Daniel. *Parábola*. CB. No. 75. Navarra, España: Editorial Verbo Divino, 1992.

Pikaza Ibarrondo, Xabier. *Evangelio de Mateo: De Jesús a la iglesia*. Navarra, España: Editorial Verbo Divino, 2017.

———. *Hermanos de Jesús y servidores de los más pequeños: Mt 25, 31-46*. Vol. 46. Biblioteca de Estudios Bíblicos. Salamanca, España: Ediciones Sígueme, 1984.

Piñero, A. *Guia Para Entender El Nuevo Testamento*. Cuarta Ed. Madrid, España: Editorial Trotta, 2016.

Poittevin, P. Le, y Etienne Charpentier. *El evangelio según San Mateo*. CB. No. 2. Navarra, España: Editorial Verbo Divino, 1993.

Rodríguez Carmona, Antonio. *Evangelio de Mateo*. 2da ed. Comentarios a la Nueva Biblia de Jerusalén. Bilbao, España: Desclée Brouwer, 2006.

Schökel, Luis Alonso. *Diccionario Bíblico Hebreo-Español*. Madrid, España: Editorial Trotta, 1994.

Sobrino, Jon. *Resurrección de la verdadera Iglesia: Los pobres, lugar teológico de la eclesiología*. Presencia Teológica. Santander: Editorial SAL TERRAE, 1981.

Steinmetz, David C. *Luther in Context*. Bloomington, IN: Indiana University Press, 1986.

Stott, John RW. *El Sermón del Monte: Contracultura Cristiana*. Traducido por Carmen Pérez de Camargo y Ruth Padilla Eldrenkamp. Segunda ed. Buenos Aires, Argentina: Ediciones Certeza, 1998.

Tillich, Paul. *Moralidad y algo más: Fundamentos para una teoría de la moral*. Traducido por Marcelo Pérez Rivas. Buenos Aires, Argentina: Editorial La Aurora, 1974.

SOBRE EL AUTOR

Eliezer E. Burgos Rosado nació el 5 de septiembre de 1980 en Bayamón, Puerto Rico, aunque vivió toda su niñez y juventud en Morovis, Puerto Rico. Obtuvo su cuarto año en la Escuela Superior Jaime A. Collazo del Río de Morovis para el año 1998. En el año 2004 se graduó de Bachillerato en Ciencias Sociales, Geografía, de la Universidad de Puerto Rico, Recinto de Río Piedras. Completó una Maestría en Artes con especialidad en Justicia Criminal de Caribbean University en el año 2007 y en el año 2022 completó una Maestría en Divinidad del Seminario Evangélico de Puerto Rico, de donde se graduó Magna Cum Laude y fue vicepresidente del Consejo de Estudiantes.

Al momento de ésta, su segunda publicación, cursa un Doctorado en Filosofía (PhD) con especialidad en Teología de la Universidad Interamericana de Puerto Rico y es aspirante al Ministerio Pastoral, endosado por la Iglesia Cristiana (Discípulos de Cristo) en Sierra Linda, Bayamón. Se destaca como columnista de opinión para los principales periódicos de Puerto Rico, donde atiende los temas de gobernanza y justicia social desde una perspectiva teológica. Es el presidente y fundador de Ediciones Didásko LLC y vive en Toa Alta, Puerto Rico con su esposa Patricia Díaz Ortiz, su hijo Fabián Elías y su hija Gianna Marely.

www.ingramcontent.com/pod-product-compliance
Lightning Source LLC
Chambersburg PA
CBHW071709040426
42446CB00011B/1981